JN069029

昭和30年代〜50年代の地方私鉄を歩く 第2巻

北海道の炭鉱鉄道 森林鉄道
時刻表に載らなかった北海道の鉄道

髙井薫平 著
編集協力：矢崎康雄、亀井秀夫

【北海道炭礦真谷地専用鉄道】◎沼ノ沢　昭和39（1964）年3月　撮影：村松功

Contents

©丸瀬布いこいの村　平成22（2010）年10月　撮影：髙井薫平

鉄道の位置図

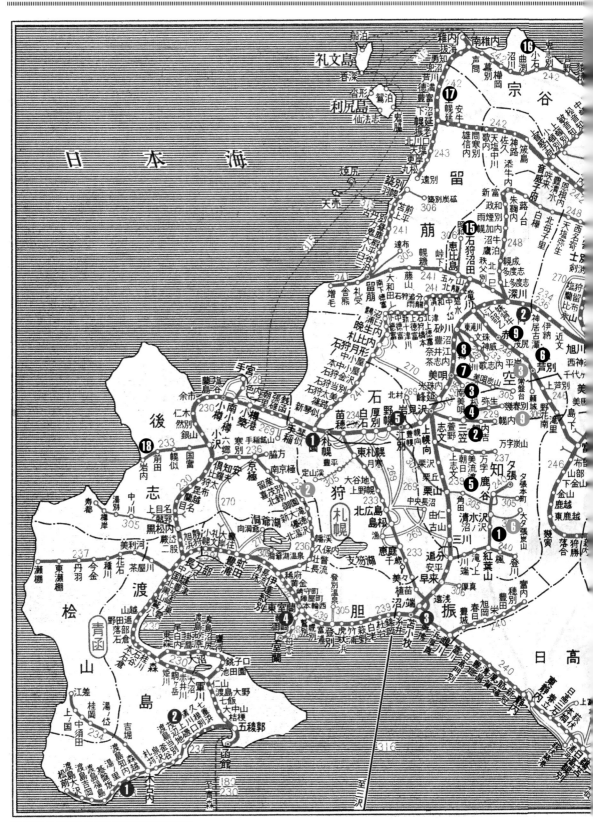

「交通公社時刻表」昭和32年1月号に加筆

炭鉱鉄道

❶ 北海道炭礦汽船真谷地専用鉄道
❷ 北星炭鉱美流渡専用鉄道
❸ 三菱鉱業油谷鉱業所
❹ 三美運輸専用線（南美唄構内）
❺ 角田炭砿
　（北海道炭礦汽船角田炭鉱専用鉄道）
❻ 三菱鉱業芦別鉱業所専用鉄道
❼ 三菱鉱業茶志内炭鉱専用鉄道
❽ 三井鉱山奈井江専用鉄道
❾ 雄別炭鉱茂尻専用線
❿ 雄別鉄道埠頭線
⓫ 雄別炭鉱尺別炭鉱線
⓬ 本岐炭鉱
⓭ 明治鉱業庶路炭鉱専用線
⓮ 釧路臨港鉄道
⓯ 明治鉱業昭和炭鉱専用線
⓰ 藤田鉱業小石専用線
⓱ 日曹炭鉱天塩鉱業所専用鉄道
⓲ 茅沼炭化鉱業専用線

工場専用線など

❶ 運輸工業桑園事業所
❷ 日本セメント上磯専用鉄道
❸ 苫小牧港開発
❹ 新日本製鉄室蘭製鐵所・
　日本製鋼室蘭工場
❺ 北日本製紙江別工場専用線
❻ 日本甜菜製糖帯広工場
❼ 日本甜菜製糖芽室工場
❽ 日本甜菜製糖美幌工場
❾ 日本甜菜製糖磯分内工場

森林鉄道

❶ 置戸森林鉄道
❷ 定山渓森林鉄道
❸ 芦別森林鉄道
❹ 温根湯森林鉄道
❺ 足寄森林鉄道
❻ 主夕張森林鉄道
❼ 武利意森林鉄道
❽ 士別森林鉄道
❾ 幾春別森林鉄道

客土事業・河川改修事業

❶ 知内事業所
❷ 石狩川事業所

5

まえがき

　昭和30〜40年代の北海道の鉄道は鉄道ファン にとって魅力にあふれていました。当時全道で4000km近くもあった北海道の国鉄はまだ路線の延伸を続けていました。この頃、北海道の国鉄線の主力は蒸気機関車で、昭和31 (1956) 年の東海道線全線電化により、エースC62が小樽築港に転属すると、鉄道ファンの北海道への国鉄蒸機訪問に拍車を掛けました。噴火湾沿い、倶知安からの山線の区間だけでなく、各線の峠道、特に根室本線の狩勝峠には多くのファンが集まりました。

　一方、国鉄の大型機より古い古典機関車を訪ねるごく一部の同好の士がおりました。この頃の北海道には広範囲に炭鉱が展開していましたし、ちょっとした引き込み線が全道にあったのです。しかし、国鉄改革、物流の進化で、昭和59 (1984) 年に国鉄の貨物輸送の大変革が行われました。「車扱い貨物」の廃止です。これにより国鉄駅から引き込み線で貨車の授受をやっていた貨物輸送が消え、それに従事していた機関車たちの運命は決まりました。

　この第2巻では、炭鉱鉄道を中心にそこで働いていた機関車たちを捉えました。また同じような理由で、北海道全土に存在した森林資源の搬出に活躍した森林鉄道を集めました。森林鉄道は北海道全体に分布しており、その研究図書も多いのですが、本巻ではそれらを参考にさせていただきながら、できるだけ多くの路線を集めたつもりです。

　北海道独特の鉄道である殖民軌道 (簡易軌道) は一部が時刻表に載っており、第1巻に掲載いたしました。また、或る時期、北海道各地で行われた客土事業には蒸気機関車も広く使用されたようですが、これらを訪問するのには北海道は広すぎました。

　残念だったのは室蘭中心に現在も盛業中の新日本製鐵所 (その頃は富士製鉄といいました) と日本製鋼所の機関車たちをほとんどご案内できなかったことです。古い鉄道趣味誌に島崎英一さんが掲載された「札幌より蒸気機関車を求めて」が懐かしいですが、これも昔のお話しです。

　このように本書は未完成の部分も多いものではありますが、それでも昭和30〜40年ごろに北海道に渡った方々の脳裏を呼び起こすきっかけになれば幸いです。また、北海道を訪れ、また北海道にお住いの皆さんが車を走らせながら、ここにこんなものがあったのだと、北の大地を再認識いただくきっかけになればこの上にもない喜びです。

令和5 (2023) 年12月　髙井薫平

1章
カラーフィルムで記録された
北海道の裏方たち

【三菱鉱業芦別専用線】空知川鉄橋を渡る。◎昭和39（1964）年3月　撮影：村松功

現役当時の記録

【日曹炭鉱天塩鉱業所専用鉄道】◎豊富付近　昭和39（1964）3月　撮影：村松功

【北海道炭礦汽船真谷地専用鉄道】◎沼ノ沢〜真栄町　昭和36（1961）年7月　撮影：村松功

【三菱石炭鉱業大夕張鉄道9600形３重連】◎昭和46（1971）年８月　所蔵：奥山道紀

【北星炭鉱美流渡鉱業所2719号機】北炭系の美流渡鉱業所の主は、アメリカ製Ｂ６形改造機2700形で、当時全国で唯一の存在だった。◎美流渡　昭和39（1964）３月　撮影：村松功

【釧路臨港鉄道
選炭場を行くD801号】
シャトルトレインの後ろ半分は推
進運転で積み下ろし線に入る。な
お撮影時期が異なるため、下の写真
と同じ積み下ろし線に入っている。
◎知人
平成30（2018）年11月
撮影：髙井薫平

【釧路臨港鉄道 D201号】
シャトルトレインの前半分の編成を
牽いて積み下ろし線に入る。後方に
分割した編成が残っていて、推進運
転で後から積み下ろし線に入る。
◎知人
昭和44（1969）年
撮影：石川孝織

【釧路臨港鉄道
D401号とD701号】
ともに国鉄ＤＤ13形の仲間だが、
先にできたＤ401号はサイドロッ
ド伝動である。
◎春採
平成30（2018）年11月
撮影：髙井薫平

【釧路臨港鉄道 E601号】
シャトルトレインの知人側に連
結される当時珍しかった電気式
ディーゼル機関車。
◎春採
平成30（2018）年11月
撮影：髙井薫平

【釧路臨港鉄道 石炭積み降ろし】
積み下ろし桟橋でホキの側板を
開放して石炭を下に落とす。こ
の作業はすべて機関車の運転台
から遠隔操作で行われる。
◎知人
平成30（2018）年11月
撮影：髙井薫平

【釧路臨港鉄道
セキ6000形連接式石炭車】
シャトルトレイン専用の連接式
セキ、機関車から遠隔操作で石
炭を落とすため、制御用電気連
結器を持つ。
◎春採
平成30（2018）年11月
撮影：髙井薫平

【鉄原コークスS304】
◎輪西
昭和57（1982）年9月
撮影：佐藤公亮

【新宮商行のDL】
木材の専門メーカーで釧路に枕木の防腐工場を持っており、ここに簡易軌道で活躍したDLがいた。どんな使われ方だったか分からないが、車体の前後に枕木を取り付け、いつも防腐材の入ったプールの脇にいた。工場での職を解かれてから、丸瀬布で動態保存されている。
◎作業場
昭和62（1987）年3月
撮影：藤岡雄一

【北炭新夕張沼ノ沢】
北海道炭鉱の事業所は夕張地区に多く点在した。また坑内事故が多発していた時期で事業所の興廃が見られた時期でもあった。写真のような蓄電池機関車は広く坑内用として使用された。
◎夕張沼ノ沢
昭和57（1982）年9月
撮影：佐藤公亮

【日本オイルターミナル旭川ＤＤ5603号】
北旭川に設けたオイルターミナルは昭和52
（1977）年に開業したが、貨物列車の削減で
平成24（2012）年には営業を廃止した。
◎北旭川
平成16（2004）年7月
撮影：田中信吾

【旭川通運ＤＤ1340号】
元国鉄のＤＤ13形で車両番号もそのまま
である。イコライザ付き台車が懐かしい。
◎北旭川
平成20（2008）年8月
撮影：藤岡雄一

【日本セメント上磯専用鉄道6号機】
◎万太郎沢
昭和53（1978）年8月
撮影：志村総司

【日本甜菜製糖芽室工場機関庫】◎芽室機関庫　平成18（2006）年7月　撮影：田中信吾

【日本甜菜製糖芽室工場DD201号・DE10 1543号】
DE10形は輸送力強化のため国鉄から譲り受けた。DD201の運転室窓下に「十勝鉄道」の文字が見える。
◎芽室工場　平成20（2008）年8月　撮影：藤岡雄一（2枚とも）

保存車両

【雄別鉄道8722号機】
釧路製作所は雄別鉄道が作った鉄道車両の保全会社で、車両の点検整備のほか、簡易軌道向け車両や橋梁の生産を行っていた。現在は橋梁関係に特化して盛業中である。8722号機は北海道拓殖鉄道を経て雄別鉄道に入線した。
◎釧路製作所玄関前
平成23（2011）年5月
撮影：髙井薫平

【雄別鉄道C11 65号機】
ここは元雄別鉄道の阿寒駅、機関車は昭和36（1961）年に国鉄から転入した。
◎阿寒町炭砿と鉄道館
平成28（2016）年6月
撮影：日比政昭

【夕張鉄道25号機】
◎長沼町ながぬまコミュニティ公園
平成15（2003）年7月
撮影：奥山道紀

【三井芦別鉄道ＤＤ501号】
炭山川の鉄橋上に保存されているＤＤ501号。橋梁上に展示車両を並べたアイデアは面白いが、展示車両のメンテナンスには苦労されていることだろう。
◎旧炭山川橋梁
平成25（2013）年9月
撮影：日比政昭

【三菱鉱業美唄鉄道2号機】
美唄鉄道は勾配と重貨物輸送のため、国鉄の勾配用機関車4110形と同じ機種をメーカーから3両を直接購入した。その後、国鉄で4110形が廃車になると4両の払い下げを受け、一時は7両体制になっていた。
◎旧東明駅
平成22（2010）年10月
撮影：髙井薫平

【三菱鉱業美唄鉄道旧東明駅】
炭鉱があった頃、東明は多くの炭鉱従事者が生活して街を形成したが、炭鉱がなくなった後は急激に人口が減少した。
◎旧東明駅
平成22（2010）年10月
撮影：髙井薫平

【三菱石炭鉱業大夕張鉄道旧南大夕張駅】
大夕張鉄道の南大夕張駅跡はホームと線
路の一部が残り、ラッセル車、客車3両、
セキ2が1列に並んでいて、手入れもよ
く行き届いている
◎旧南大夕張駅構内
平成15（2003）年6月
撮影：奥山道紀

**【三菱石炭鉱業大夕張鉄道旧南大夕張駅
の駅名標】**
「南大夕張」の駅名標。駅舎などはすで
に取り払われているが、こう見ると列車
は今にも出発しそうな雰囲気である。
◎旧南大夕張駅
平成15（2003）年6月
撮影：奥山道紀

【鐵原S304号機】
元新日本製鐵輸西製鐵所で働いていた、
昭和14（1939）年に日本車輌で製造され
た機関車。数少ない稼働している機関
車で、園内のトロッコ列車の牽引で活躍
している。
◎三笠鉄道村
平成23（2011）年5月
撮影：髙井薫平

【明治鉱業昭和鉱業所15号機】
温泉施設の広場に置かれた明治鉱業昭
和鉱業所の15号。専用の建屋に収まり、
展示時間が終わると貨車移動機によっ
て機関庫中に収められる。
◎ほろしん温泉
平成27（2015）年7月
撮影：髙井薫平

【夕張鉄道14号機】
夕張石炭の歴史村の博物館に収められた夕張鉄道の14号、右手に大夕張鉄道№4が見える。
◎夕張石炭の歴史村
平成30（2018）年2月
撮影：奥山道紀

【日曹炭鉱天塩専用鉄道9643号機】
鉄道廃止後9643号機は数奇な運命をたどる。いったん札幌のサッポロビール園が保有するが展示場所の関係で保存が難しくなり、別の個人の働きでニセコ町に移動、現在の場所に立派な設備を作って保存されている。
◎ニセコ鉄道遺産群
令和4（2022）年8月
撮影：服部朗宏

【十勝鉄道4号機】
国鉄帯広駅に近い帯広大通から十勝平野に延びていた総延長60㎞に及ぶ軽便鉄道だった。日本甜菜糖（株）の子会社だったが、昭和34年軽便鉄道は廃止された。
第1巻「時刻表から消えた北海道の私鉄」参照

【十勝鉄道コハ23】
◎帯広市内とてっぽ通り
平成28（2006）年3月
撮影：髙井薫平

【太平洋炭鉱坑外軌道10号】
太平洋炭鉱の坑外線で使用された凸型
Ｂ型電気機関車で、東芝製の戦後生まれ
の自重8tという小さな機関車。10号は
昭和36（1960）年製の最新鋭機だ。
◎三笠鉄道村
平成23（2011）年5月
撮影：髙井薫平

【住友鉱山赤平炭鉱坑内用蓄電池機関車68号】
後ろに坑内作業員輸送用の人車を連結している。
◎三笠鉄道村　平成23（2011）年5月　撮影：髙井薫平

【太平洋炭鉱坑外軌道2号】
昭和23（1948）年に1号機とともに登場し、太平
洋炭鉱の坑外線用機関車の基本となった。軌間
は610mm。
◎三笠鉄道村
平成23（2011）年5月
撮影：髙井薫平

【住友鉱山赤平炭鉱のバッテリー機関車】
電池機関車のメーカーは東芝が多いが、鉄道車両の
範疇から外れるようで、まとまった資料に乏しい。
◎赤平鉱山
昭和57（1982）年8月
撮影：佐藤公亮

【三井芦別第2坑の内燃機関車】
日本輸送機製の内燃機関車、背の低い
運転台が付いている。
◎昭和57（1982）年8月
撮影：佐藤公亮

【住友金属鴻之舞鉱山】
金鉱山だった鴻之舞鉱山で使われた
坑内用機関車、後ろに人車が連結され
ている。
◎旧上藻別駅逓
平成27（2015）年7月
撮影：髙井薫平

【歌登町営軌道内燃機関車】
歌登温泉に保存されたかつての歌登
町営軌道のディーゼル機関車。
◎うたのぼり健康回復村
平成27（2015）年7月
撮影：髙井薫平

【ニシンの運搬用トロッコ】
ゲージは500㎜ぐらいだったろうか。
このトロッコに出会ったのは余市か
ら積丹半島に向かう途中で、海に面し
たちょっとした広場のところだった。
◎余市郊外
平成27（2015）年8月
撮影：髙井薫平

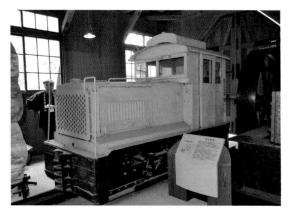

【野村組工作所製機関車】
下夕張森林鉄道で使用された野村組工作所製ディーゼル機関車。なぜ高知県のメーカーの機関車がはるばる北海道に渡ったかはさておき、貴重な車両が保存されたことは喜ばしい。
◎札幌、北海道開拓の村　平成27（2015）年8月
撮影：髙井薫平

【温根湯森林鉄道2号】
温根湯森林鉄道廃止後に林業機械資料として秋田の仁別へ移された。
◎仁別森林鉄道博物館　平成31（2019）年9月
撮影：藤岡雄一

【開拓村の機関庫】
開拓村の森林鉄道コーナーの中心に作られた木製の機関庫、どこのものをモデルにしたかは聞き漏らした。
◎札幌、北海道開拓の村
平成27（2015）年8月
撮影：髙井薫平

【日本セメント上磯専用鉄道5号機】
◎北斗市運動公園　平成30（2018）年6月
撮影：服部朗宏

【日本セメント上磯専用鉄道2号機】
東洋電機に里帰りし、ポール時代の姿で展示されている。
◎東洋電機本社工場正門内　平成11（1999）年6月
撮影：村松功

動態保存車両

【三笠鉄道村】
北海道の鉄道発祥の地として、国鉄幌内線廃線後にその存在意義から三笠駅跡に作られ、機関車、ディーゼルカーなどがやや無秩序に置かれているが、その目玉として新日本製鐵室蘭製鉄所で使用された蒸気機関車 S -304を使ったトロッコ列車を運転している。◎三笠鉄道村　◎平成23 (2011) 年 5 月　撮影：高井薫平

【丸瀬布いこいの村】
夜間のお花見列車。多分、非公式で走った特別列車。
◎丸瀬布いこいの村　令和 5 (2023) 年 5 月
撮影：山内一

【鉄橋を渡る21号機】
鉄橋の向こうはキャンプ場になっていてシーズンには多くの人で賑わう。
◎丸瀬布いこいの村　令和 4 (2022) 年 9 月
撮影：山内一

【元武利意森林鉄道 21号機】
◎丸瀬布いこいの村　平成22（2010）年10月
撮影：髙井薫平

【ＤＬと並ぶ21号】
庫の中に怪しげな？ＳＬが見える。
◎丸瀬布いこいの村　平成22（2010）年10月
撮影：髙井薫平

【ＤＬが牽く木曽編成】
元簡易軌道で活躍したＤＬが装いを凝らした列車を牽引。丸瀬布ではなぜかこの編成を木曽編成と呼んでいた。
◎丸瀬布いこいの村
平成22（2010）年10月
撮影：髙井薫平

【北海道に里帰りした協三10t機】
愛知県の休養林に保管されていたものが、復活させようと丸瀬布に運び込まれたという…
◎丸瀬布いこいの村　令和４（2022）年６月　撮影：山内一

【鉄道馬車】
北海道開拓の村のメインストリートを行く白馬の牽く馬車鉄道、かつて札幌市内などで見られた馬車鉄道を再現したもの。
◎北海道開拓村　平成23（2011）年５月　撮影：髙井薫平

絵葉書

【北海道炭礦汽船夕張炭礦の
圧縮空気機関車】
爆発性ガス、粉塵が発生する危
険のある鉱山の坑内では火花を
散らす機関車は使用不能のた
め、代わりにタンクに蓄えた圧
縮空気で動く圧縮空気機関車を
使用した。

【夕張鉄道11号機関車】
「北海道炭礦汽船平和礦出炭記
念」の記載があるから同炭礦開
鉱の昭和12(1937)年の撮影で
あろう。右下の選炭場からセキ
を引き出すのは1Dテンダーの
夕張鉄道11号機。重量50tで下
部は9600形式、上部は8620形
式を組み合わせたようなスタイ
ルであった。

【釧路臨港鉄道5号機関車】
鉄道ファンにはわが国最後の
炭鉱鉄道として知られる当鉄道
は、太平洋炭鉱春採坑の運炭鉄
道である。写真の春採坑選炭場
で仕業の5号機は47ｔ、昭和4
(1929)年日本車輌製の1C2タ
ンク機関車。ここでは5～8号
機の同形僚機4両が揃って活躍
していた。

【三菱大夕張鉄道9200形機関車】
この鉄道の1号・2号機に当たる明治38(1905)年ボールドウィン製。「ダイコン」こと旧国鉄9201・9237号機のいずれかの発車シーンである。場所は終点の大夕張炭山駅構内と思われ、昭和15(1940)年頃の撮影であろう。

【石狩石炭1号機関車】
三菱美唄鉄道の前身である石狩石炭時代の光景。機関車は当鉄道の1号機、「小コン」と呼ばれる9040形式に酷似するが、国鉄とは無関係な37t、1Dタイプの大正7(1918)年ボールドウィン製機関車と言われる。ただし、ニカラグア国鉄の中古品説が有力である。

【留萌鉄道浅野炭山駅と
昭和駅選炭場】
留萌鉄道は昭和35(1960)年10月まで自社車両を所有せず、運転管理を国鉄に委託していた。そのため列車運行や各駅入換は国鉄が実施していた。昭和鉱業所で働く15号機の姿が見える。

【留萌鉄道昭和駅】
留萌鉄道炭鉱線終点である同駅舎と構内が一部見える昭和10（1935）年頃撮影の風景。炭鉱住宅に囲まれた線路はさらに先へ伸びて明治鉱業昭和鉱業所へ達していた。

【三菱美唄鉄道美唄川上流の風光】
運炭列車の先頭は石狩石炭開業時に譲り受けたCテンダー機、40.9 t。明治6（1873）年キットソン製、旧国鉄7010・7011号機のどちらかである。昭和初期に2両とも三井芦別鉄道へ去るが、再び美唄へ戻ったという（異説もある）。

【釧路臨港鉄道1形機関車の牽く混合列車】
知人駅構内を走る昭和初期の混合列車、1形機関車は1号・2号機が在籍し、旧国鉄3391・3392号機だが、写真の機関車がどちらかは不明。明治34（1901）年ボールドウィン製の1C1タンク機関車である。
（絵葉書提供・解説：白土貞夫）

【登別温泉への道 ①鉄道馬車時代】
登別温泉は古くから北海道屈指の温泉地であり、その存在は江戸時代にさかのぼる。明治に入ると温泉宿が作られ、温泉場が出来上がった。その温泉場に向かう温泉客のために約6km離れた官設駅の登別からは馬車に頼っていた。大正2(1913)年に登別全体の運営は室蘭市の栗林五朔に委ねられ、栗林五朔は大正4(1915)年に登別温泉軌道を設立、鉄道馬車による営業を開始した。

【登別温泉への道 ②軽便鉄道時代】
馬車鉄道では所要時間・輸送力ともに劣るので、大正7(1918)年に蒸気機関車の運転に切り替える。機関車は元魚沼軽便鉄道の6t雨宮製のサドルタンク機関車、客車は絵葉書を見ると馬車鉄道時代のものも使用したらしい。

【登別温泉への道 ③電気鉄道時代】
蒸気機関車は煙突から出る火の粉による火災発生を恐れる声が強まり、大正14(1925)年に電化が完成、同時に軌間も762mmから1067mmに変更した。投入された電車は京浜電気工業製の電動客車3両、付随客車2両。しかし、昭和に入ると乗合バスの進出により競争が激化し、昭和8(1933)年バスに転換され廃線された。
(絵葉書提供：関田克孝)

吉田初三郎の鳥瞰図

宗谷支庁管内鳥瞰図

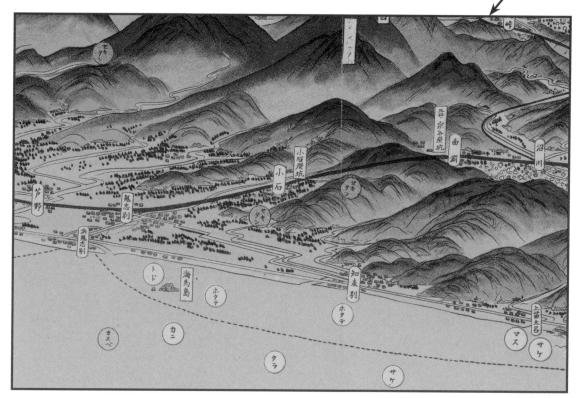

北海道の北端を北東から南を見た絵図である。図版左がオホーツク海、右の日本海には利尻、礼文島が浮かぶ。海を広く取り、描くのに手間のかかりそうな陸地部分を少なくしている。地名は縦書き四角で囲み、駅名は角を丸くしている。陸地の産物は黄色地の○、海産物は白地に○でカタカナの縦書きで統一してわかりやすい。鉄道線路は黒、簡易軌道などは細い線で表されている。

下の半島は左側が宗谷岬、右がノシャップ岬でその左が稚内の町である。稚内の駅からは稚内桟橋へ線路が延びている。戦前は稚内と樺太の大泊（おおどまり現在コルサコフ）間に稚泊航路があり列車が稚内桟橋まで入り連絡船に接続した。左に南稚内駅があるが、大正11（1922）年開業した初代の稚内駅で頭端駅であった。その後線路は稚内港へ延伸されたが列車は一旦バックしなければならなかったため、現在の位置近くに移設された。分岐のところには扇形庫の挿絵がある。分岐は直角Ｔ字に見

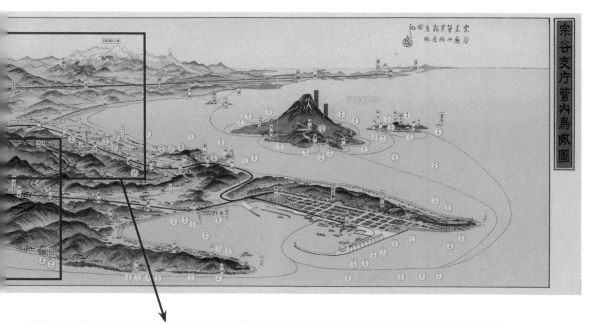

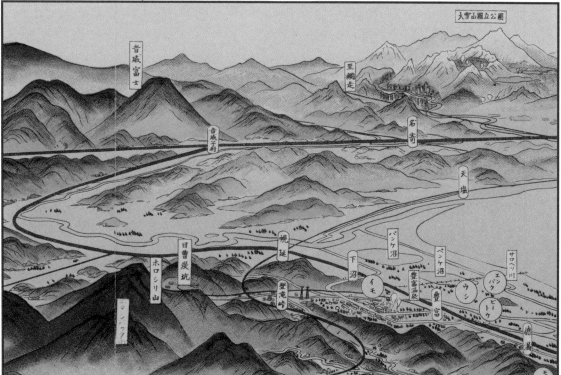

えるが実際には並行に近く、この駅は今の南稚内より北1kmに位置していた。

南稚内から左に直線で書かれているのがのちの天北線になる北見線、線名は北見市ではなく北見の国からとっている。南稚内の北見線上り方の駅「聲間」は誤りで「声問（こいとい）」である。小石には小石炭鉱、藤田炭鉱宗谷鉱業専用線があったが記載されていない。浜頓別からは内陸部に入り音威子府に向かう。

北見枝幸（きたみえさし）へ向かう路線はのちの興浜北線、枝幸からの細い線は歌登（うたのぼり）村営軌道で歌登へ向かう。この線の支線の終点「志美宇舟」も誤りで「志美宇丹」（しびうたん）である。日本海側、宗谷本線を見ると豊富から日曹炭鉱に向かう日本曹達天塩砿業所専用鉄道の線が書かれている。この線と交差するのが幌延町営軌道幌延〜沼川を結んでいるがいずれも路線名の記載はない。

【美唄市鳥瞰図】

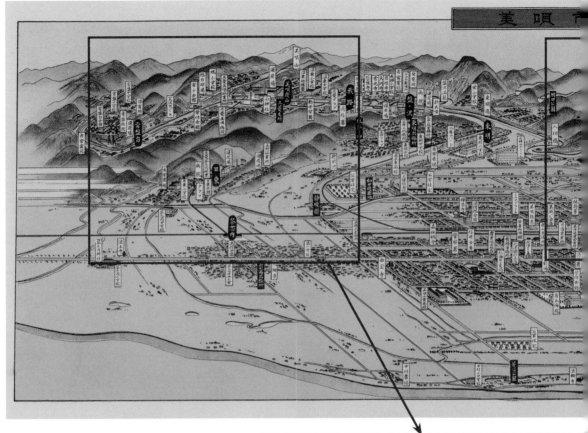

美唄の町を西から見た鳥瞰図である。下に石狩川、南北に走る函館本線は中央に一直線、その下に並行するのは現在も国道12号で美唄から滝川まで29kmの直線距離日本一の道路である。美唄駅から北へ向かい右に分かれていく路線は形式4110勾配用蒸気機関車を使用していた三菱鉱業美唄鉄道。この線の美唄の次の駅、東明の左手は多くの建物が描かれている。ここは三菱ではなく、主に三井関連の建物。徳田炭鉱を買収した三井美唄炭鉱は新美唄炭鉱として運営した後、鉱業所再編で昭和26（1951）年三井美唄鉱業所と合併し三井美唄第二坑になった。三井二坑事務所や二坑病院などの名前が見える。第二坑は昭和29（1954）年に閉鎖された。現在、東明駅舎は日本遺産に認定され、駅舎の北側には4110形と同型で開通当初自社で発注した2号機が保存されている。

旅客列車は美唄炭山駅の次の常盤台が終点であるがその先にも線路が描かれている。美唄駅からの右手に延び南美唄、さらにその先三井美唄炭鉱に延びている線がある。国鉄函館本線支線で昭和6（1931）年開業当初は貨物専用線だったが昭和19（1944）年から旅客営業を開始した。旅客営業は昭和46（1971）年まで続いたが、三井美唄炭鉱の閉山で昭和48（1973）年には貨物も廃止，廃線になった。函館本線美唄駅下り方は茶志内で、ここから出ているのは三菱鉱業茶志内炭礦専用線である。終点の坑口まで2キロで美唄鉄道では9200形や4110形の蒸気機関車が使用されていた。

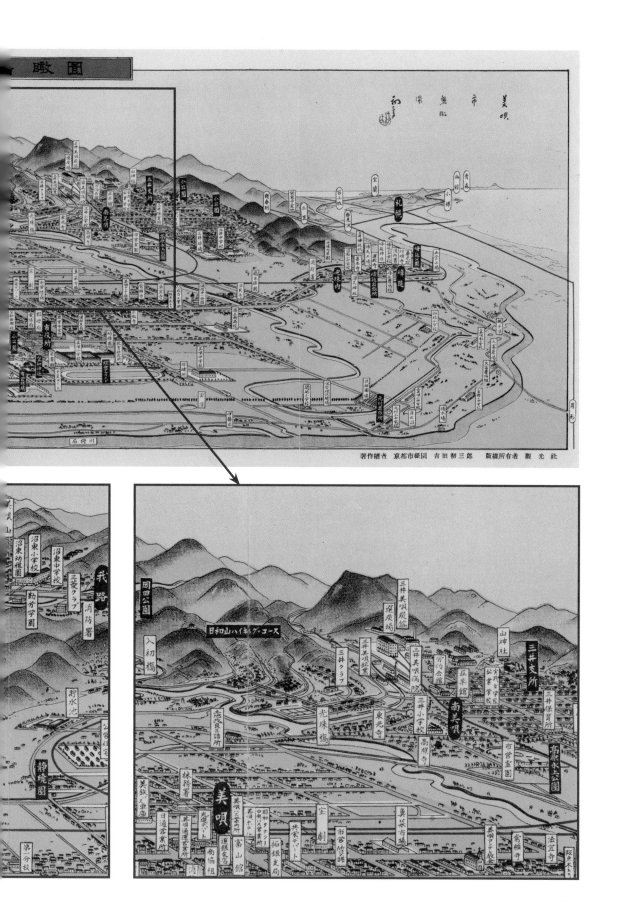

鳥瞰図

美唄市鳥瞰図

著作権者 京都市錦園 吉田初三郎　版擬所有者 観光社

【釧路市鳥瞰図】

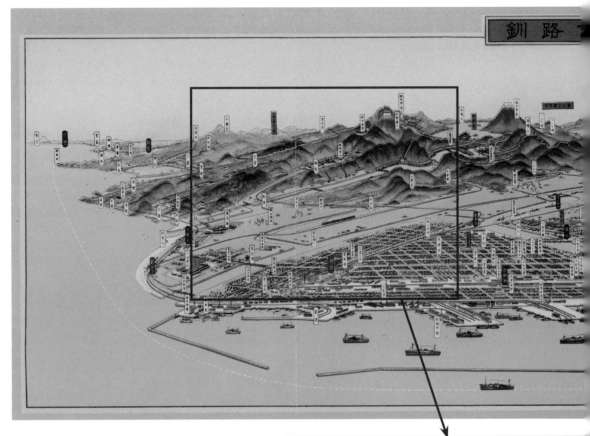

釧路港を正面に据え置いて釧路の町を南西方向から見ている。上部には阿寒湖、クッチャロ湖、摩周湖、左は襟裳岬、遠くは東京、富士山まで描いている。右は根室から海の中に千島、アリューシャン、カムチャッカ、樺太、宗谷岬と範囲は広大である。構図は周りを海に、東西の海岸線をUの字型にして描いているため、まるで半島の先端に釧路港があるように見える。
左の川は新釧路川、右が釧路川、箇所名はすべて縦書きで鉄道駅は角が丸く、市役所と主要駅を黒地に白字、他は白地に黒字。赤い線は鉄道だけではなくバスや専用線も入っている。駅は旅客営業のない貨物駅も記載されている。根室本線下り列車は左手の海沿いから来て新釧路川を渡り釧路駅に着く。釧路の手前で分かれた線上に浜釧路駅が書かれている。明治34（1901）年開業当初の釧路駅で大正6（1917）年に現在の釧路駅に移転の際に貨物駅になった。上には国鉄営業事務所、鉄道工機部と書かれた建物もある。
釧路と東釧路の間、根室本線の釧路川の鉄橋を渡った先に「てんねる」の駅表示がある。貨物駅天寧（てんねい）で、東釧路からの貨物線の駅だった。釧路の手前の駅、新富士からは十条製紙への専用線が下り方向に出ており、上り方向への線は新釧路川の上部に進み煙を吐いている汽車が描かれている。この線の終点が上幌呂と中雪裡（なかせつり）で鶴居村営軌道762㎜ゲージの簡易軌道（内務省時代の呼称は植民軌道）の路線である。昭和29（1954）年に開通する新富士から雄別鉄道に連絡するための貨物線を混同していると思われる。釧路臨港鉄道は城山～東釧路～春採～入船、終点は釧路川沿いである。春採から興津抗の線があるが旧太平洋炭鉱のトロッコの坑外軌道と思われる。

【旭川市を中心とする名所交通鳥瞰図】

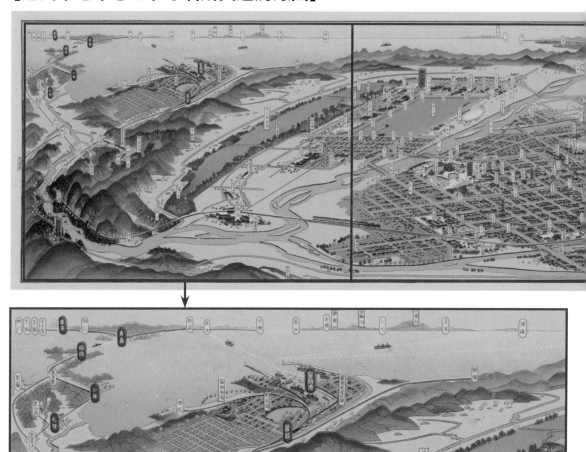

　旭川の市街を南西方向から見た図絵で石狩川が右上から左下に流れ、複数の川が合流している。一般に左右に流れる河川や路線名は横書きが多いがこの図絵はすべてが縦書きである。駅、停留所名は緑、名所その他は赤枠で表示している。また国鉄と市電（旭川市街軌道）の線路は赤い線で私鉄は黒色である。旭川は明治31（1898）年に 上川線滝川・旭川間の鉄道が開通、その３年後に陸軍第七師団が札幌から移転し軍隊の町として発展した。
　旭川市内は縦横の赤い線は旭川市街軌道で昭和４（1929）年に開業、昭和31（1956）年には全廃された。左下の汽車の絵の下には曙遊郭と書かれ、そこから右の方へ延びている道路は一条通りで函館本線の線路を越えた地点に旭川市街軌道の曙終点があ

る。ここから一条通を進む線と、途中の一条二丁目（神楽通）から北に向かい右折して四条通を進むというのが東西のルート、南北に走る路線は旭川駅前から北に進み旭橋を渡り第七師団、練兵場を回って終点に着く。途中、大町六丁目〜八丁目では近文からの貨物線と交差している。練兵場の隣には競馬場、石狩川の対岸には中島遊郭の表示がある。
旭川市街軌道は単車を約30両保有していたが北炭に譲渡された4両のうち2両が電化した角田炭礦（かくたたんこう）で使用された。地図の右の黒い線は旭川電気軌道で四条から東川、旭山公園へ向かう線路にはポールのついた電車のカットがある。左手の滝川から留萌に至る途中の恵比島から留萌鉄道、その先に雨龍炭田が見える。

炭鉱地帯周辺の地形図

【三菱鉱業大夕張付近　1/50,000 昭和29年修正測量】

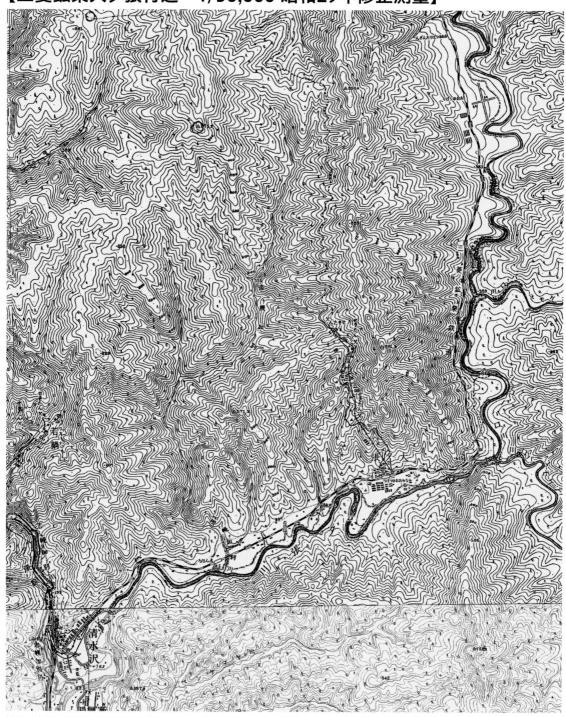

地図の左下、国鉄夕張線の清水沢駅から、夕張川に沿って大夕張炭山に至る三菱鉱業大夕張鉄道の線路がある。大夕張鉄道の線の表示が清水沢付近は私鉄の線路マークで、後の方は国鉄と同じ線で表示されている。清水沢からの線路は南方向に出発するがすぐにUターンしてから東に進む。南大夕張を過ぎてしばらくすると北に向きを変える。今はこのカーブの東側にシュパーロダムが建設され、その先はシュパーロ湖で終点の大夕張炭山付近まで日本有数の人造湖になっている。南夕張からは夕張岳森林鉄道、大夕張炭山からは主夕張森林鉄道の路線が沢沿いに敷かれていたが昭和30年代には撤去された。この地図にはその軌道は記載されていない。

【北炭真谷地付近　1/50,000 昭和33年測量】

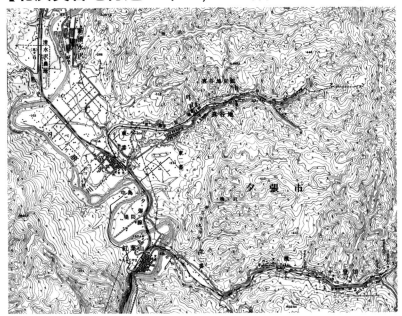

地図の左で夕張川が蛇行している。夕張川は北から南へ流れ、そのあとは西へ、さらに北へ向きを変え江別市の東で石狩川に合流する一級河川である。下の紅葉山（現在は新夕張）で追分からの夕張線が夕張方面と登川への支線が分岐する。昭和56（1981）年に開業した石勝線は新夕張（紅葉山を改称）を出ると直進、この地図の夕張線の登川支線北側を大きなカーブでトンネルを抜けている。楓（かえで）〜登川（のぼりかわ）では南側を並行する。
登川の先には鉱山マークの上にひらがなで「たんこう」と表示されているが北炭登川炭鉱である。紅葉山の次の沼ノ沢から分岐する線は北海道炭礦汽船真谷地炭礦専用線で地図上は北炭専用線と表示されている。真谷地炭鉱は夕張炭田最後の炭鉱で昭和62（1987）年に閉山となり、この専用線も廃止された。

【万字線沿線　1/50,000 昭和29年修正測量】

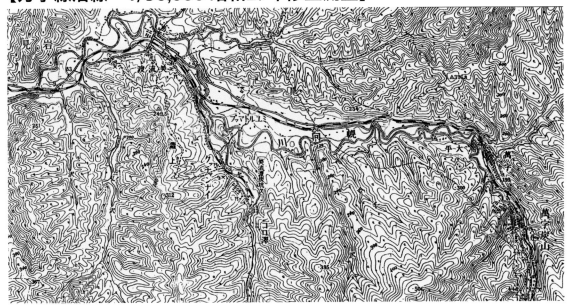

国鉄万字線は岩見沢から室蘭本線で南へ一つ目の駅志文から東へ向かう。この地図では志文は左手、終点万字炭山は右手になるがいずれも含まれていない。蛇行している川は幌向川（ほろむいがわ）でこの川が削り取った平地、谷あいを走っている。左右の真ん中には志文から15.9kmの美流渡（みると）駅がある。よく見るとその先にミユルトマップとカタカナの表記があるが美流渡の元のアイヌ語名である。
美流渡から美流渡炭鉱専用線が分かれている。終点近くにまたもやカタカナでクッチャンナイと表記、アイヌ語でクッチャン川の意味になる。終点までの途中には桜、若葉、炭山、終点の緑の駅があったようだが専用線で地図には載っていない。

【夕張線沿線　1/50,000 昭和29年修正測量】

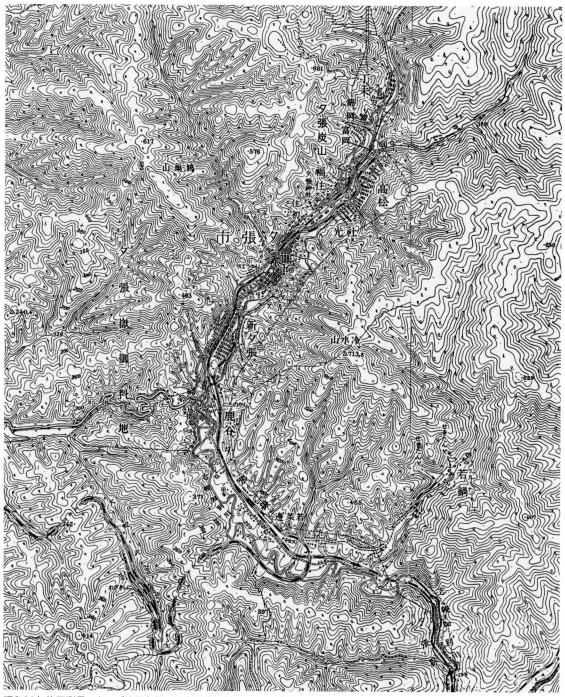

　昭和29年修正測量であるが地図左側には夕張嶽御料地の表記があり、駅名はひらがなで左書きである。戦前につくられたものの修正版とわかる。右下から志幌加別川に沿って国鉄夕張線が北上している。下の左,西からは夕張鉄道が現れ、スイッチバックの錦沢を過ぎてΩループが二つ続く。二つ目のΩループに入る所に平和駅があり北炭平和炭礦専用線が分岐するが表示されていない。夕張線と交差すると「わかな」と書かれた駅があり、北炭化成工業所専用線が分かれている。この線はかつてその先にあった若鍋炭鉱に通じていた。若鍋炭鉱は大正時代400名を超える死者を出しており、イメージを変えようとしたのか昭和53（1978）年に駅名を若菜邊（わかなべ）から若菜（わかな）に変更した。若菜から北へは国鉄夕張線と夕張鉄道は並走し、両線の乗り換え、貨物の授受を行っていたのが鹿ノ谷である。その先の駅が夕張鉄道旅客列車の終点、新夕張（後の夕張本町）である。

【夕張鉄道Ωループと平和炭礦専用線　1/25,000 昭和32年修正測量】

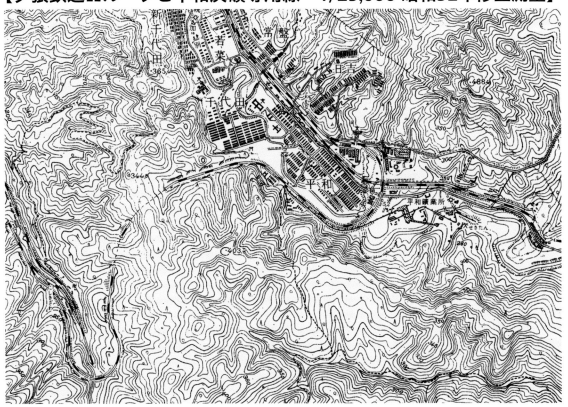

中央のΩループの中には住宅が並んでおり、平和の文字の左が平和駅の場所である。駅の表示はないが平和礦業所への専用線が記されている。礦業所内も整然と記されており工場内の線路も明確である。平和炭礦専用線は昭和13(1938)年に開業、廃止は夕張鉄道の廃線と同じく昭和50(1975)年である。

【夕張地区の全体図　1/200,000 昭和25年測量】

左上の岩見沢から苫小牧へ向かい南下する室蘭本線には夕張炭田からの各線がつながっていた。室蘭本線岩見沢の次の駅の志文からは国鉄万字線が東方向に分岐している。三つ目の栗山では夕張鉄道と並ぶ。札幌方、野幌からの夕張鉄道の下り列車は栗山を出ると室蘭本線をオーバークロス、南東へ向かい夕張に向かう。その途中、新二股から北の方向へ分岐している線は北炭角田（かくた）炭礦専用線で炭鉱の専用線では珍しく電車運転をしていた。夕張鉄道の旅客列車の終点はこの地図に載っている新夕張だがこの新夕張は現在の新夕張とは異なっており、昭和29（1954）年に夕張本町に改称された。

昭和56（1956）年に石勝線が開通し南千歳〜追分がつながったが、それまでの追分は夕張線が室蘭本線から分岐するだけの形であった。地図中央右、夕張川に沿って三菱大夕張鉄道が走る。この路線が東から北へ向きが変わる部分にシューパロダムが建設され、今はシューパロ湖が広がっている。また夕張に目をやると、山を越えた北にある万字炭山側の森林鉄道の終端との直線距離は10キロもなさそうに見える。

40

【幌内線沿線　1/50,000 昭和28年修正測量】

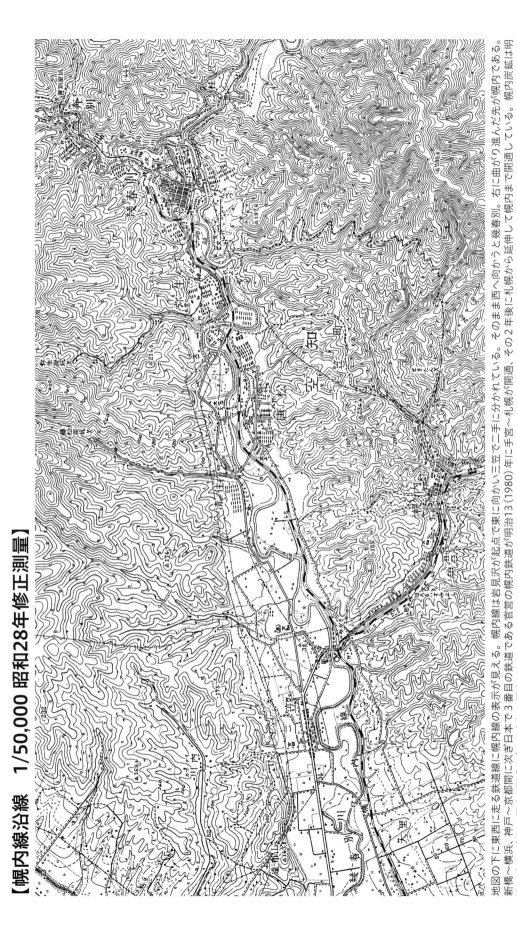

地図の下に東西に走る鉄道に幌内線の表示が見える。幌内線は岩見沢が起点で東に向かい三笠で二手に分かれている。そのまま西へ向かうと幾春別。幌内線は岩見沢の表示が見える。幌内線は岩見沢が起点で東に向かい三笠で二手に分かれている。そのまま西へ向かうと幾春別。右に曲がり進んだ先が幌内である。新橋～横浜、神戸～京都間に次ぎ日本で3番目の鉄道である官営の幌内鉄道が明治13（1980）年に手宮～札幌が開通、その2年後に札幌から延伸して幌内まで開通している。幌内炭鉱は明治12（1879）年に開山、平成元（1989）年に閉山した。

三笠駅の手前では線路が分岐している。このため三笠に停車し幌内に向かう列車は岩見沢方向に戻り方向転換して幌内に向かった。幌内駅からはかなり先に炭鉱のマークがある。幌内線は昭和62（1987）年に廃線になった。地図右手には幾春別の町がある。幌内も幾春別炭鉱も北炭（北海道炭礦汽船）の所有だった。幾春別から北に出ている線がある線が、住友石炭鉱業の弥別川（ぼんべつ）炭鉱である。また幾春別から台に沿って軌道が表示されている。幾春別森林鉄道でいくつもの分岐路線があったが桂沢ダム完成の前年昭和30（1955）年に廃止になった。

41

【釧路臨港鉄道・雄別炭鉱鉄道の沿線　1/50,000 昭和30年測量】

釧路も多くの鉄道路線があった。釧路駅の西側から釧路川河口に向け分岐する貨物線は浜釧路駅への旧線。浜釧路は明治34 (1901) 年開業した初代の釧路駅である。この貨物線は昭和37 (1962) 年に新富士から海岸線沿いのルートに変更、浜釧路駅は河口近くに移転した。釧路駅から出る私鉄の線路は雄別炭鉱鉄道で昭和34 (1959) 年に会社を分離、雄別鉄道になった。
釧路の一つ手前の駅は新富士で埋め立て前、南側はすぐ海である。北側には十条製紙工場があり専用線が引かれている。また西方向に出る線は雄別炭礦鉄道の貨物線。新富士からは鶴居村営軌道があり、この簡易軌道はすぐ右折北上し、鳥取で左に曲がり道路沿いに走る。根室本線、釧網本線の分岐駅の東釧路は釧路臨港鉄道への乗換駅。路線は春採湖 (はるとりこ) の南岸を通り石炭の積み出しをした知人 (しると)、さらに入船町へ通じている。東釧路から東方向にも線があり城山が終点。両駅をつなぎ環状線とする構想も出ていたという。釧路臨港鉄道は昭和54 (1979) 年太平洋石炭販売輸送に吸収合併され、令和元 (2019) 年に廃止された。

2章
モノクロームで記録された
北海道の裏方たち

【明治鉱業昭和の機関庫内の風景】手前が15号機、雪の庫外に17号機。◎昭和炭鉱　昭和35（1960）年3月　撮影：上野巌

43

1.炭鉱鉄道
炭鉱の主役だったアメリカン2形式

　北海道の私鉄、専用線の機関車は本土の多くの私鉄のようにタンク機関車は補助的存在で、テンダ機関車が主役だった。国鉄からの払い下げのほかC56やC58の新製まであり、国鉄から払い下げは9600が圧倒的に多かったが、それ以前に多かったのが古いアメリカ製テンダ機関車の払い下げで、その主役は次に紹介する2形式であった。

9200形式（5両）

　9200形テンダ機関車は明治38（1905）年、鉄道作業局（国鉄の前身）がB6形（2100,2120,2400,2500）に変わる強力な貨物用機関車としてアメリカ・ボールドウイン社から50両を輸入した。元々北海道官設鉄道が導入を計画していたものを作業局が引き継いだともいえ、北海道に縁のある機関車であった。軸配置2-8-0（コンソリデーション）では当時もっとも大型で、「ダイコン」の愛称で呼ばれていた。日露戦争のさなかで30両が満州で使用されたものの、全車が日本に戻っている。また台湾総督府鉄道に3両が移籍しているが、この3両は戻っていない。
　明治42（1909）年9月の鉄道国有法施行により形式9200形（9200～9246）になった47両は、奥羽本線、中央本線、関西本線、北陸本線のほか山手貨物線でも活躍した。しかし次第に国産9600形式など後継機にあとを譲ることとなり、北海道に集中配置され、大正12（1923）年1月末には47両全機が北海道に配属となった。国鉄での廃車は昭和23（1948）年から始まり、昭和25年まで在籍した。このうち、民間に5両が払い下げられ、その活躍が僕たちを北海道に誘った。

三菱大夕張鉄道：9201,9237
美唄鉄道：9217
雄別炭鉱鉄道：9224,9233

【雄別炭鉱鉄道9224号機】◎雄別ふ頭　昭和30（1955）年8月　撮影：竹中泰彦

8100形式（12両）

　8100形テンダ機関車は明治30（1897）年に鉄道作業局（国鉄の前身）がアメリカ・ボールドウイン社から20両を輸入した軸配置2-6-0の中型テンダ機関車で、御殿場線や信越線などで使用されたが早い時期に北海道に集まった。扱いやすかったのか北海道の地になじんで全車20両が北海道各地で終戦を迎えている。昭和23（1948）年頃から廃車が始まったが、北海道各地の地方鉄道や炭鉱鉄道で老朽化した7200形の置き換え用として12両が新天地で活躍した。

8104：定山渓鉄道8104→藤田鉱業小石8104
8105：定山渓鉄道8105→寿都鉄道8105（8111を振替）
8106：北炭真谷地礦業所専用鉄道　5052
8108：定山渓鉄道8108→寿都鉄道8108（8119を振替）
8110：羽幌炭鉱鉄道8110
8111：茅沼炭化鉱業8111→寿都鉄道8105
8112：藤田鉱業小石8112
8113：日曹炭鉱天塩鉱業所豊富専用鉄道8113
8114：羽幌炭鉱鉄道8114
8115：定山渓鉄道8115
8118：北炭真谷地礦業所専用鉄道5051→北星炭鉱美流渡礦業所専用鉄道5051
8119：茅沼炭化鉱業8119→寿都鉄道8108

【藤田鉱業8104号機】◎小石　昭和37（1962）年8月　撮影：村松功

1-1.石狩炭田を歩く

空知炭田、夕張炭田を擁する日本一の埋蔵量を誇る地域で、官営北海道炭鉱鉄道が明治13（1880）年に開業した。あの「義経、弁慶」が石炭を運んだ地域である。この地域の採掘権は国のほか当時の財閥が積極的に進出してくる。特に三菱、三井の進出は積極的で、官営北海道炭礦汽船系の炭鉱も多かった。明治鉱業、藤田鉱業などはこの地域に採掘権を取得することができずさらに道北に石炭を求めていく。

石狩炭田の夕張地区には北海道炭礦汽船の流れをくむ夕張鉄道が道都札幌を見据えた私鉄として発達し、夕張市の人口は当時11万人を超えていた。国鉄夕張線の沿線に北海道炭礦汽船系の炭鉱鉄道、三菱系の炭鉱鉄道が接続し、根室本線の沿線には三菱系の美唄鉄道、三井系の芦別鉄道のように旅客輸送も行う地方鉄道のほか、多くの専用鉄道・専用線があり、なかには「便乗扱い」の旅客輸送を行う路線もあった。

北海道炭礦汽船真谷地鉱業所専用鉄道

国鉄夕張線の沼ノ沢から真谷地まで4.0kmの路線で、蒸気機関車牽引の旅客列車が走っていた。煙室扉には星のマークが付けられ、北海道炭礦汽船の一員であることを誇示していた。機関車は国鉄形式8100形だったが、何故か5051,5052というナンバープレートが付けられ、機関車がのちに美唄鉄道から来た4110形に代わったのちも、5055,5056とナンバーは受け継がれた。面白いのはこれらの機関車はもっぱら客車けん引で、セキの搬出には国鉄の夕張線の機関車がそのまま乗り入れていた。

【5051号機が牽く真谷地行き列車】
煙室扉には車両番号ではなく北海道炭礦汽船から引き継がれる星のマークが誇らしげに付けられている。今日の客車はいつものボギー車2両から1両が2軸車のハフ1に代わっていた。
◎沼ノ沢
昭和38（1963）年8月
撮影：宮田寛之

【国鉄9600形による石炭列車】
真谷地専用鉄道の貨物列車はもっぱら国鉄夕張線の機関車に委ねていた。緩急車も国鉄のものであり、このまま夕張線の列車に組み込まれた。◎真栄町～沼ノ沢　昭和36（1961）年7月　撮影：村松功

【名物の大カーブを行く真谷地行き列車】◎真栄町～沼ノ沢　昭和36（1961）年7月　撮影：村松功

【沼ノ沢駅1】
5051こと8114号の牽く列車が
乗り換え客を待つ。
◎昭和36（1961）年7月
撮影：村松功

【沼ノ沢駅2】
沼ノ沢駅で国鉄夕張線からの乗
り換え客は屋根のない跨線橋を
渡った。
◎昭和36（1961）年7月
撮影：村松功

【火を落とした5052号機】
◎真谷地
昭和35（1960）年3月
撮影：髙井薫平

【3号機が牽く沼ノ沢行き列車】
◎真栄町〜沼ノ沢
昭和35（1960）年3月
撮影：髙井薫平

【3号機】
美唄鉄道からきた3号機。しばらく美唄時代の3号を名乗ったが、後に5055号に改番された。その後DLが入り昭和46（1971）年5月に廃車となった。
◎沼ノ沢
昭和35（1960）年3月
撮影：髙井薫平

【炭住をバックに走る
3号機が牽く列車】
◎昭和35（1960）年3月
撮影：髙井薫平

【DD1002号機】
元夕張鉄道の機関車で国鉄DD13
形とよく似ているが台車が違って
いる。
◎真谷地
昭和62（1987）年3月
撮影：藤岡雄一

【ND-01号機】
昭和49（1974）年に日立製作所で製造
された45ｔディーゼル機関車、国鉄の
DD13形に比べれば非力だが、客車2両
程度のけん引には十分だったのだろう。
◎沼ノ沢
昭和62（1987）年3月
撮影：藤岡雄一

【ホハ1】
昭和27（1952）年に国鉄より、明治32
（1899）年製中型木造ボギー車ホハ2210
の払い下げを受けた。昭和31（1956）年
に車体を更新した。
◎真谷地
昭和35（1960）年3月
撮影：髙井薫平

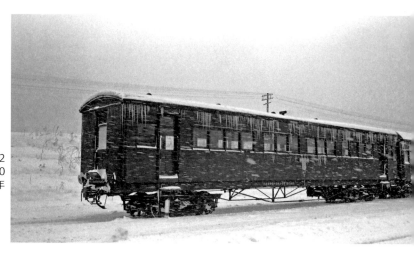

【ハフ1】
出自のわからない2軸客車。片デッキで一端に不思議な窓と空間がある。ほとんど出動しない予備車的存在だった。
◎真谷地
昭和35（1960）年3月
撮影：髙井薫平

【コハフ1】
昭和16（1941）年に夕張鉄道から譲り受けたコハ1である。昭和35（1960）年に車体を更新した。
◎真谷地　昭和35（1960）年3月
撮影：髙井薫平

【キ1除雪（ラッセル）車】
出自は大正15年に鉄道省苗穂工場で新製された夕張鉄道キ1で、背中に背負った大きなエアータンクなどあまり例のない独特なスタイルである。
◎真谷地
昭和62（1987）年7月
撮影：藤岡雄一

【勘合証】

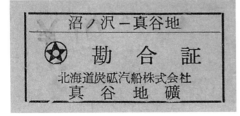

本来旅客輸送を行っていない（路線免許のない）貨物鉄道も、社員の家族や取引先の関係者の便宜を図るために旅客車を連結して便乗扱いで乗車させる際に使用した乗車証です。基本的に無料の所が大方なのですが、この真谷地鉱の勘合証には「10円」の赤いゴム印が押されています鉄道営業法でいう旅客輸送ではないため、運送約款は適用されません。有名なところでは兵庫県の明延鉱山の一円電車ですが、ここは地方鉄道ではなく、坑内輸送に便乗させていたという解釈でしょうか。乗車証の裏面には「生命の保証は致しません」という記載が有ったようです。（解説：堀川正弘）

北星炭礦美流渡鉱業所専用鉄道

万字線に乗って確か3つ目の美流渡に着いた。あたり一面の雪野原、その先の踏切のところに小さなホームがあり、かなり古びたマッチ箱客車を先頭に、少し長めのB6（2719）が蒸気を漏らしていた。よく見るとハ2は妻面に窓が一つあけられ、屋根上に大きな前照灯が一つ載っていた。ぞろぞろと人が集まってきて、やがて2719号機が牽く列車は出て行った。ここも真谷地同様本来の石炭輸送のけん引機は国鉄機関車に依存していると納得して駅に戻った。

マッチ箱客車はそれぞれ国鉄から譲り受けたものである。ハ1は元国鉄ヨ420、明治28（1895）年神戸工場製、車掌車だったものを客車に改造した。ハ2は元国鉄ハ1191で、大正元（1912）年に天野工場で製造。富士身延鉄道ハフ1として誕生、胆振縦貫鉄道ハフ1を経て戦後美流渡にやって来た。無番号車が1両いたが未確認である。

【雪の美流渡専用鉄道の停留所】
バック運転の2719号機がマッチ箱を2両牽いて到着した。山に戻るときはこのまま推進運転で登っていく。
◎美流渡
昭和35（1960）年3月
撮影：髙井薫平

【美流渡駅】
構内にセキが2両停車していた。
◎昭和39（1964）年2月
撮影：村松功

【2719号機】
美流渡炭鉱専用鉄道でマッチ箱をひいて炭鉱関係者の輸送に活躍した。2700形式は明治31（1898）年からイギリスで製造された2120形268両、ドイツで造られた2400形75両、アメリカ・ボールドウイン製168両、いわゆるＢ６形タンク機関車の軸重を軽減する工事が行われ、2500形の従輪を２軸にした2700形式と、同じく2500形に先従輪を追加した3500形式が生まれたが、昭和40年代に残っていたのはこの美流渡の2719号機だけだった。
◎美流渡
昭和40（1965）年４月
撮影：荻原二郎

【ハ2】
推進運転の時先頭に立つハ2。端面には前方監視用の窓が一つ、屋根には前照灯、なお写真の側にはホームがないので出入り口はない。
◎美流渡
昭和42（1967）年３月
撮影：荻原俊夫

【山に向かう旅客列車】
山に向かう列車はマッチ箱２両の推進運転。先頭の客車の妻面には前方監視の窓が一つ空けられ、屋根上には前照灯が付いている。しかしブレーキ関係がどうなっていたかは確認していない。
◎美流渡
昭和34（1959）年８月
撮影：若尾侑

【2719号機】
構内で使うのか大きな排雪器がついている。◎美流渡　昭和35（1960）年3月　撮影：髙井薫平

【万字線の列車】
美流渡を出た万字線のＣ11が万字炭山に向かう。美流渡の国鉄駅は確かこの写真の奥の方にあった。
◎美流渡　昭和34（1959）年7月　撮影：若尾侑

三菱鉱業油谷鉱業所

　戦後操業を開始した新しい炭鉱鉄道で、三菱芦別鉄道辺渓駅から側線が出ていた。炭鉱として存在した期間は5年足らずだった。機関車はアメBこ と2650号機だったが、一時期ボイラ部分を屋根で覆っていた。写真は故萩原政男さんが撮られた貴重な写真。他に元片上鉄道の5号機がいたという。

【屋根のあった頃の2650号機】◎辺渓　昭和28（1953）年頃　撮影：萩原政男

【屋根が取り払われた2650号機】◎辺渓　昭和39（1964）年2月　撮影：村松功

三美運輸専用線（南美唄構内）

美唄から分かれる国鉄南美唄線で1駅、この時乗った列車の記憶はないが、確かこの線はまだ蒸気機関車の牽引であった。三美運輸は国鉄南美唄の駅から三井美唄炭鉱坑までの1.2kmの側線を担当していた会社で、1号・2号を名乗るアメリカ製、B6形が使用された。3号機は元国鉄の2719号だっ

たが、その後美流渡に移り、国鉄時代の車号に復帰している。また九州の三池炭鉱からポーターのサドルタンクが短期間在籍したという。この頃、B6形は珍しい存在ではなく東京の汐留でも主力だったため、サラッと見て退散したようだ。

【南美唄構内】
南美唄の構内に石炭の積み込み設備があったような気がする。60年以上昔の話だ。
◎昭和33（1958）年8月
撮影：髙井薫平

【1号機】
国鉄から昭和25（1950）年に転入してきた元2623号、アメリカ生まれのB6形である。セキが不足していたのかトキ15000形にも石炭が載っている。
◎南美唄
昭和34（1959）年8月
撮影：若尾侑

【2号機】
こちらもアメリカ生まれのＢ６形、2651号である。１号に続いて昭和27（1952）年に入線、昭和42（1967）年に廃車になった。
◎南美唄　昭和33（1958）年８月　撮影：髙井薫平

【南美唄炭坑】
無蓋車に載っているのは坑道用の資材のようだ。◎南美唄：昭和44（1970）年８月　撮影：荻原俊夫

角田炭鉱の電車
（北海道炭礦汽船角田炭鉱専用鉄道）

　夕張鉄道の新二岐から分かれる角田炭鉱までの4.6ｋｍの路線は、夕張鉄道の機関車による運炭列車のほか、沿線の住民の輸送を担っていた。ユニークなのはその輸送に電車を使用したことで、車両は旭川市街軌道の半鋼製の２軸単車（昭和４年、川崎車両）を用いて、沿線住民の足を提供した。

　電化は構内電車に合わせて直流600Vで評判が良かったので、夕張地区でも計画があり、もう少し石炭ブームが続けば、路面電車の走る炭鉱町が生まれたかもしれなかった。しかし昭和40（1965）年２月の車両火災発生を機に廃止された。

【角田炭鉱の電車】
昭和31（1956）年に廃止された元旭川市街軌道の車両で、昭和24（1949）年３号と20号が入線した。出入り台の扉は折り戸だが何故か窓ガラスは板張りになっている。
◎新二岐駅前　昭和39（1964）年８月　撮影：杉行夫

【新二岐駅前の停留所で夕張鉄道の列車を待つ】
集電装置は旭川市街軌道以来のポールで小さなやぐらの上に載っていた。
◎新二岐駅前　昭和39（1964）年８月　撮影：杉行夫

【社宅前停留所跡】
電車廃止後枕木で造った停留所のプラットホームだけが残った。◎社宅前　昭和40（1965）年８月　撮影：今井啓輔

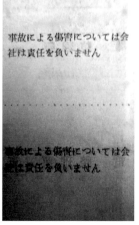

【電車整理表】
角田炭鉱の電車には乗車券は無かったものの「電車整理表」が用意されていた。（提供：奥山道紀）

その後の夕張

奥山道紀

　私が生まれたのは夕張市南部（南大夕張）。夕張では炭鉱の開発と共に鉄道が延び、夕張川の本支流に開かれた各炭鉱に街並みが形成された。北海道炭礦鉄道（後の北海道炭礦汽船）により北炭夕張炭鉱の前身・夕張採炭所が設置されたのは1889（明治22）年、早速石炭輸送の為の鉄道建設が進められ追分・夕張間の夕張線は1892（明治25）年に開通している。

　周辺でも炭鉱の開発が進むと1907（明治40）年には紅葉山（現在の新夕張）から楓への支線が、1911（明治44）年には清水沢・二股間（後の南大夕張）に大夕張炭鉱専用鉄道（後の三菱鉱業大夕張鉄道）が開通、更に1913（大正2）年には沼ノ沢からの北炭真谷地専用鉄道も開業した。また大正15(1926)年には札幌・小樽方面への短絡線として夕張鉄道も開業した。

　その夕張が11万6,908人の最多人口を記録したのは、1960（昭和35）年。まさしく最盛期でもあった1959（昭和34）年2月の生まれである。写真集「昭和三十四年二月　北海道」（ネコパブリッシング・2009年）に発表された通り、鉄道趣味の大先輩である広田尚敬氏は同月7・8・21日を夕張・大夕張・真谷地での撮影に費やしている。当時、市内の私鉄・専用線では9200形や8100形等、国鉄では既に引退した古典輸入機が活躍しており、多くの諸先輩が写真などにそれらの記録を残している。

　大夕張鉄道の9200形（9201・9237）は「入換・小運転用」とされているが、当時大夕張鉄道の機関車は9600形の№3.4.5、C1101、そして9200形2両の陣容で、運用によっては清水沢まで出て来る事もあった。自分ももちろん両親に連れられ9200

夕張鉄道鹿ノ谷構内（1970年頃）

大夕張駅上空（1958年）

形けん引の列車に乗ったと思うが、幼過ぎて記憶には残っていない。南大夕張・明石町間にはまだ道路が通じておらず、人口2万人を擁した大夕張地区は「陸の孤島」と呼ばれていた。大夕張ダム（シューパロダムの前身）建設工事と共に、鉄道移設・道路工事等も行われていた事も有り、雑誌などに発表されている9200形の撮影場所も大夕張炭山や明石町周辺等の限られた場所となっている。

　真谷地には叔母が住んでおり、バスに乗って訪ねた事がある。途中小型の「弁慶号」のような機関車を見た記憶があるが、いま思い返すとそれが真谷地専用鉄道の8100形（5051・5052）だったのであろう。

　1968（昭和43）年4月、父の仕事の関係で真谷地に転居した。既に専用鉄道の8100形と客車運行は無く、三菱鉱業美唄鉄道から移った2両の4110形（5055・5056）が活躍していた。真谷地での4110形の活躍は長くなかった。1969（昭和44）年4月に夕張鉄道にディーゼル機関車DD1000形1001・1002が導入されると9600形24が真谷地に移動して、5056が廃車となり、坑内へ蒸気を送る据付ボイラーとなり、暫くの間線路の傍らに置かれていた。5055も1971（昭和46）年6月、夕張鉄道22の入線により廃車となった。

　ある日、線路脇で機関車を眺めていると、機関士さんに招かれ、キューロクのキャブに乗せてもらった。真谷地駅構内での数百メートルの移動だが大量のシンダーを頭に浴びて驚いた。

　夕張鉄道の錦沢駅はスイッチバック式の駅として有名で、SL撮影の名所でもあった。春は桜、秋は紅葉と沿線随一の行楽地で周囲には遊園地も整備された。

　小さい頃に両親に連れられて鹿ノ谷駅で夕鉄の列車に乗換え訪れたが、蒸気機関車が気動車をけん引するのが不思議だった。今考えてみるとそれはトレーラーとして気動車と同じく塗装された客車（ナハニフ100・150～153）だったのだ（当時は行楽期に夕張本町・錦沢間に臨時列車が設定されていた）。錦沢の隣の新二岐からは角田専用鉄道が分岐していたが、自分が物心ついた時期には既に「電車」は廃止されており、夕鉄の機関車が2往復ほど石炭の搬出をしていた。

　平和駅には叔父が勤務していた。同い年の従兄弟が居たこともあり、夏休み等には泊りがけで長期間遊びに行った。夕張鉄道の社宅は平和駅の築

堤と志幌加別川に挟まれた狭い場所にあり、平和炭鉱の入換や、補機仕業等で、朝から晩まで何時も汽笛が響いていた。

　ある日、従兄弟とホームで機関車を眺めていると、真谷地と同じく、機関士さんに「鹿ノ谷まで乗っていかないか」と声を掛けられた。今考えるとバスに乗って戻って来れば良かったのだが、子どもの距離感覚では遠くへ連れられて行く感じがして断ってしまった。今でも惜しい事をしたと思い出す。

　夕張鉄道のターミナル・夕張本町駅は夕張市民会館の一階に入居していた。1970年頃には旅客部門の合理化が進み既に日中の列車の発着は少なくなり、駅舎内は閑散としていた。

　市民会館には大ホールが付属しており、行事などの無い時は洋画を中心に映画が上映されていた。本町駅売店（夕鉄共栄社）でポップコーンを購入し「チキ・チキ・バン・バン」「ラブ・バッグ」（1969年・米国）「イージー・ライダー」（1970年・米国）・「栄光のルマン」（1971年・米国）等を鑑賞した。

　夕張鉄道の縮小は段階的に実施され1971（昭和46）年11月15日には夕張本町・栗山間の旅客営業廃止、夕張本町・鹿ノ谷間の鉄道事業廃止が実施された。

　真谷地からは沼ノ沢の向陽中学校にバス通学だった。夏休み、クラスの仲間数人と夕張岳に登った。清水沢駅前の商店で夕食のカレーライスの食材を購入。9時15分清水沢駅発の混合3列車でシューパロ湖を眺めながら、明石町まで三菱大夕張鉄道の列車に揺られた。帰りは時間の関係で友人の父親に迎えに来てもらったが、中学時代の良い思い出となった。

　大夕張鉄道では南大夕張炭鉱の出炭が本格化した1971（昭和46）年以降貨物輸送量が増大した。全

旧・南大夕張駅の保存車両（2023年）

国でSLブームが過熱する中、同年8月22日には「鉄道友の会北海道支部・北海道大学鉄道研究会」の撮影会に合わせて、9600形SLの3重連が運行された。「No.3」「No.7」「No.5」＋セキ21両＋客車ナハフ1の編成が混合31列車（南大夕張・大夕張炭山間）としてシューパロ湖畔を走った。

　国鉄の動力近代化が進む中、大夕張鉄道ではキューロク「No.2」〜「No.8」とC1101の8両が活躍し内燃動力の併用の無い「蒸気天国」となった。しかし、それも長くは続かなかった。1973（昭和48）年4月 大夕張炭鉱の閉山が提案され、SLにも「閉山阻止」のペイントがなされたが6月30日には閉山。12月15日には南大夕張・大夕張炭山間が廃止、SLも全廃されDL化された。

　夕張鉄道も北炭平和炭鉱の閉山に伴い、1975（昭和50）年3月に全廃され、4月にはDD1002が北炭真谷地専用鉄道に転属し、22が廃止され24は予備機となった。同年12月24日には国鉄最後の蒸気機関車（D51241）による石炭専用貨物・6788列車が夕張駅から、追分駅に向けて駆け下りて行った。

　高校時代の一時期、大夕張鉄道の遠幌駅周辺に住み、通学に「ストーブ列車」のお世話になった。乗客は夕張南高校、夕張工業高校の学生が主だが、彼らの座席は何時も定位置だった。進学、就職と夕張を離れていたが1981（昭和56）年10月石勝線開業し、それまで無縁だった特急列車やリゾート列車が夕張市内を駆け抜けるようになった。

　一度炭鉱災害が発生すると、救援・原因究明・再発防止、復旧と長期にわたり、炭鉱の操業は中止し「石炭列車」は運休する。同年10月16日に北炭夕張新炭鉱、1985（昭和60）年5月17日には三菱南大夕張炭鉱と大規模な炭鉱災害が続いた。

　南大夕張炭鉱の合理化・トラック輸送への転換により、1987（昭和62）年7月21日には2両のＤＬが「炭鉱の街に、高く、長く別れの汽笛」を響かせ大夕張鉄道が76年の歴史に終止符を打った。「さよなら列車」には当時勤務していた釧路から駆け付け懐かしい「汽車」にお別れをした。

　また同年10月13日には、真谷地炭鉱の閉山に伴い北炭真谷地専用鉄道も廃止された。

　国鉄夕張線から、JR北海道石勝線夕張支線に引継がれた石炭輸送の歴史にも終止符が打たれた。そしてキハ40により細々と運行された夕張支線も2019（平成31）年3月31日で廃止され夕張支線126年の歴史に幕を閉じた。

　現在、夕張市内に新夕張・滝ノ上（2024年3月廃止予定）と石勝線の二つの駅が存在するが、札幌と帯広・釧路を結ぶ特急が主体で普通列車は千歳・新夕張間に2.5往復が残るだけ。「石炭列車」で賑わった、かつての面影は無い状態だ。

　夕張市では炭鉱の合理化が続く中、昭和40年代中ごろより歴史資料の収集に夕張市郷土資料保存研究会が活動し、1971（昭和46）年に夕張市郷土資料館（後に夕張市炭鉱資料館に改称）が開館した。翌年に旧夕張本町駅跡にも拡張され、ホームには夕張鉄道11形14、ナハニフ151が搬入・展示され、国鉄蒸気が終焉した1976（昭和51）年には特別展「夕張のSL展」が開催された。

　その後1980（昭和55）年に北炭夕張炭鉱跡地に夕張市石炭博物館が開館、付属のSL館も14やナハニフ151に、大夕張鉄道No.4を加えてオープンした。同施設は各種鉄道関連資料を保存しているが、今となっては各鉄道の合理化・廃止に際して継続的・体系的な収集活動がなされなかった事が悔やまれる。また2007（平成19）年に夕張市が財政破綻した事によりSL館は閉鎖され、石炭博物館に若干の鉄道関係の資料が展示されている。一部資料は「公有財産売却」として処分・散逸しており、今後の動向が注目される。

　同市内の南大夕張駅跡には夕張市により三菱大夕張鉄道のキ1、スハニ6、オハ1、ナハフ1、セキ1・セキ2等が保存されている。夕張鉄道の車両・資料は沿線各地に保存されている。夕張市の隣の栗山町には栗山公園に夕張鉄道21、栗山町開拓記念館に夕張鉄道資料が保存・展示されている。長沼町の「ながぬまコミュニティ公園」に25が保存され、南幌町生涯学習センター「ぽろろ」2階の郷土資料室には纏った形で夕張鉄道資料が保存・展示されている。非公開だが、江別市には日本鉄道保存協会所有の山田コレクション・夕張鉄道12、三菱大夕張鉄道No.3・7・8が保存され、同コレクション関連の文書資料も小樽市総合博物館に収蔵されている。また夕張鉄道24（個人所有）が深川市多度志で旧番号の9645として保存されている。

　夕張市、日本鉄道保存協会の保存車両は残念ながら非公開の状態が続いているが、早く何らかの形で公開され、広く夕張市の「炭鉱」と「鉄道」の歴史を伝えて欲しいものである。

（鉄道友の会会員）

三菱鉱業芦別鉱業所専用鉄道

　三菱の上芦別にぼくは行ったことがない。理由は簡単、機関車がつまらなかったからである。ぼくが訪道した頃この炭鉱の機関車は国産機で、あまり魅力のない専用鉄道であった。それが昭和38（1963）年に魅力ある鉄道に変身する。三菱グルー

プの方針で線区別に機関車の統一が図られ、当時他社から導入していた2両の9600形と交換で大夕張鉄道の9201,9237号が上芦別にやって来たのである。このことは当時発刊されたばかりの「SL」誌に発表されたのでますます人気が高まった。

【NO102号機】
炭鉱鉄道開業の時、日本冶金からやって来た戦時設計の立山重工製の機関車。103号は茂尻鉱業所に転じたが、102号は9200形入線後も使用された。
◎芦別
昭和34（1959）年8月
撮影：若尾侑

【バック運転で本線活躍する
102号機】
貨車は種々雑多、後ろの方に
2軸客車が連結されている。
◎上芦別
昭和34（1959）年8月
撮影：若尾侑

【9600-3号機】
天塩炭鉱鉄道からやって来た。その後9200形と交代で大夕張鉄道に移った。
◎一坑
昭和45（1970）年8月
撮影：荻原俊夫

【ホハ1】
ノーシルノーヘッダーの電車タイプの客車、釧路協和工業所、昭和30（1955）年11月製とあるが正体不明。木造客車の鋼体化であることに間違いないが、窓を2つずつペアに配置、上辺角に小さなRを付けるなど手の込んだ技も見せる。
◎上芦別
昭和29（1954）年8月
撮影：竹中泰彦

【ホハ2】
この頃になると明るい2色塗分けをやめて、茶色に塗り替えられた。
◎芦別　昭和34（1959）年8月　撮影：若尾侑

【ホハ3】
輸送量が不足したのか昭和33（1958）年に大夕張鉄道から譲り受けた木造ボギー客車。ホハ1,2に合わせたのか乗降口は引き戸式に改められている。
◎所蔵：奥山紀道

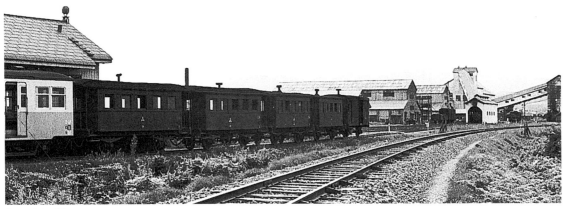

【2軸客車群】
2軸客車は5両が在籍し、主に美唄鉄道から譲り受けた。
◎芦別
昭和34（1959）年8月
撮影：若尾侑

【ハ12】
元美唄鉄道からやって来た元官鉄のフハ3430だという。
◎芦別
昭和34（1959）年8月
撮影：若尾侑

上芦別の9200形

下島啓亨（けむりプロ）

明治の岩崎、渡辺コレクションがなかったら,私達の鉄道趣味は今日なかったであろう。蒸機が好きで、中でもメーカー40社を超える輸入機関車は個性豊かで、格好良く、沢山の形式を覚えてスケッチなどをしたが、次第に野性的なアメリカ型が好きになっていった。

「美しい形は人に愛を呼びかける」

テンダー機ではモーガルの7950あたりが最も好ましく美しいと思うのだが, 炭水車に片ボギーのものが多く、長いテンダーでダブルボギートラックを持つ機関車は7200,7950,9200など、その数は限られていた。その生粋アメリカン9200の2両が大夕張から閉山間もない上芦別に移動したと聞いて、最後の姿を見届けようと冬山装備に身を固め夜行列車に乗ったのは1964年正月2日のことである。前年に見つけておいた鉄橋の先の保線小屋に泊まる撮影行を企てて向かったものの、見事に厳寒のもと挫折せざるを得なくなり、機関庫の方のご厚意で温かい給水塔の中に泊めて頂くことになったのだ。それ故にもっと身近に9200と共に過ごす機会を持つことが出来たのだった。

撮影：下島啓亨

夜になると兄弟の9201,9237は庫の中に静かに収まっている。給水塔の上のサーチライトはチラチラと落ちる幾千万もの小雪を光らせ、真っ暗な闇の中では庫の中の2両だけがしっかりとその顔を浮かび上がらせていた。機関車は暖かそうに佇み時々緩やかにスチームが流れ出てまるで静かに語りかけるように思えた。

機関庫の中の詰所に行ってみると遅番の機関士や助士に囲まれていろいろな話を聞くことができた。「おばん です！」10時を過ぎたころ駅員が信号灯をぶら下げてやってきた。今日の最終便のために9237の出庫の時間となったのだ。人々はにわかに活気づき機関車には石炭をくべ、圧力を上げる。ブローをふかし、コンプレッサーの音も賑やかに加わり、そして最後にはインゼクターの小気味よい注水の音がして準備OKとなる。我々もカメラと機材を抱えて闇夜の中に飛び出した。突然プシューンという音と共に機関庫の中は蒸気がもうもうと充満して何もかも見えなくなり、ドレーンの激しい音と共に、ギシギシギシと線路のきしむ鈍い音が聞こえてきて、庫から5mほど出たところでチムニーキャップの煙突が現れ出た。次第にリベットのきれいな顔も見えてくるが依然ドレーンが開きっぱなしだから機関車は濛々たる大きな湯気の中に包まれている。ロッドが湯気の向こうで緩やかに回って、動輪の4つがゆっくり過ぎていくと大きなキャブが現れた。中の裸電球の光が湯気の切れ目からちらつく雪を照らし、降り積もった雪の凹凸を青白く動かしめた。機関車は給水塔の横に停止して給水を受ける。寒さの中で静かに吐かれる白煙は真っ暗な空に吸収された。足元では火室から落とされる石炭ガラが真っ赤に対称的な光を放っていた。私たちはろくに写真も撮れずに息を飲んでその光景を眺めていた。

機関車は三菱上芦別の小さな駅に向かい逆位で出発を待つ。数量の石炭車の最後尾に古い客車が1両ついている。ホームの上の駅舎の軒には長いツララが屋根いっぱいに並んでいてそれがまた一層キラキラと光り輝いているのだった。

「写真は光と影の芸術である」

夜の情景は余計なものが皆 闇に消え、けむりは

限りなく白く大きく僅かな光でも機
関車の生きた姿をより鮮明に浮かび
上がらせた。出発準備で駅員のカンテ
ラの光が動き、その先にはポイ
ントの真っ青な光があり、雪で詰まっ
た動輪のスポークの中を透けて見え
る黄色く赤い灰がピットに落ちる。
この夜の光景の光も音も全てがこれ
まで味わったことのない感動の連続
であった。

撮影：杉 行夫

それからの3日間私たちは氷点下
の雪原の上で生きている機関車のあ
らゆる姿を目に焼き付け、カメラに
収めようと試みたことは言うまでも
ないが、どれだけ頑張ってもこの感動の連続と多
様さと美しさを1/10も映し得なかったように思
う。しかしながらこの泊り込みで写真映像だけで
ない新しい価値を残してくれたものがあった。そ
れは機関車だけでなくその運行を守る人々の姿と
心情に触れたことである。

10人ほどの機関庫の人々の作業や人柄も3日も
たつと分かるようになった。仕事を終えて詰所の
ストーブに集まる機関士、機関助士、整備係の人
たち、正月とあって酒を酌み交わしながら機関区
長を囲んでの話に花が咲いた。機関車の調子が悪
いのでどう直そうか、閉山の後は美唄に行こう、
善さんは息子の所に戻ったらどうか…、善さんこ
と前田老人は給水塔の周りで給水や給炭、シンダ
落としから、石炭ガラのナベトロ運びなど、みん
なが列車と共に出かけている間にも給水塔のそば
で黙々と仕事を続けていた。三抗迄の8.2km、炭
鉱の三勤に合わせて客車付の列車4往復とその他
の石炭積み出し列車で朝6時から24時まで9往復
の運行があった。元気いっぱいの機関士、機関助
士は二組みの4人、機関庫の左奥の工作室で部品
を修繕する整備係の林さんと若い助士。皆この厳
寒の中でしっかりと仕事をしている。

ある時鉄橋を渡って最後の勾配を登ってくる列
車があった。近づいてくる排気音を聞いていると
少し調子がおかしい。バッバッバッバッバァ、と登っ
てくるところが、バァーバッバ、ヴァーーバッバッバ
と更にリズムが遅くなって息も絶え絶えやっと登
り切って機関庫の横を通り過ぎた。翌朝区長の田
中さんは弁箱を開けてのぞき込む、そして機関車
に付いたままのバルブロッドを溶接バーナーで赤

めて直そうとしていたが果たせず、最後はロッド
を外して赤めて金床の上に載せ4人がかりで叩
き延ばしてバルブタイミングの調整をしたのだっ
た。石炭の火の強いかまどで金属を溶かし、溶け
栓を作ったり、軸受けのメタルの更新作りなども
していた林さんがある時ぽつんと言った。

「蒸機ってやつは本当に生き物なんですよ、ロッ
ドのメタルが減って指一本入るくらいでも無理を
おして泣きながら走ってくれるんですよ。」

また田中さんは夕陽をバックに9200が庫に向か
う写真を見て「お前が家で休んでいても俺が一生
懸命にやっているから心配するな、って言ってい
るように思えるし、私もシリンダーの修理を終え
て初めて加減弁のスロットルを引くときには、お
い！頑張ってくれよ！と声を掛けずにはいられな
いね。」とも言った。実に「蒸機は生き物のよう
であり、それ故にまた、人も心を通わせるのだ。」
という事を本当にこの4日間で思い知った。

この年の3月の閉山に伴い6月には遂に廃線と
なって9201が先に解体された。その横を静かに通
る9237の気持ちはいかばかりであったろうか、仲
間の撮ったその写真を見て私は泣ける思いだっ
た。

"美しい機関車と人々の心の交流、多くの感動
の姿"を世に残したいと考えた私たちはグループ
を結集し複数の目と写真の力を組み合わせて「鉄
道讃歌」「北のOld American」」等の書物にその生
きた姿を残すことができた。

また生まれて59年間働き続けた最後の9237のナ
ンバープレートの1枚は小樽の鉄道博物館に飾ら
れて今でも残っている。

三菱鉱業茶志内炭鉱専用鉄道

　美唄鉄道の機関庫でお隣に茶志内炭鉱というのがあり、蒸気機関車がいるよということで、美唄駅前からバスに乗る。今思えばタイミングの良い話だが当時の都バスそっくりに塗分けたいすゞのボンネットバスで炭鉱の入り口に着いた。中小の炭鉱だが集炭場の下にボールドウインのダイコン、9217号がいた。あたりを見ても機関車はこの1両だ

けで、必要な時には美唄鉄道から応援に来るということだが、そのためには函館本線の線路を使うわけで現在では考えられない話。

　さらにありがたかったのは、帰路、国鉄茶志内駅まで2キロメートルの便乗を勧められたこと、同行2人でお世話になった。

【9217号機】
茶志内炭鉱専用鉄道の唯一の動力車であった。ダイコンこと9200形はかつて4両が美唄鉄道に籍を置き、9600形機関車の投入により余剰になり、お隣の茶志内に移ってきた。残りの3両もそれぞれ新天地に再就職して活躍した。
◎茶志内鉱　昭和35（1960）年3月　撮影：髙井薫平

【石炭を満載したセキを牽く9217号機】
エンドビームにスノウプラウを上下させるエアシリンダが2個物々しく取り付けられている。この専用線には確か除雪車の配置はなく降雪時は機関車のスノウプロウに頼った。ちなみに機関車は国鉄駅の方に向いており、夜は炭山で待機していた。
◎茶志内　昭和36（1961）年7月　撮影：村松功

【この日小雪が舞っていた】
先回りして列車を待つ。モヤっとした雪景色のなか、9217号が姿を現した。昭和35（1960）年3月　撮影：上野巌

三井鉱山奈井江専用鉄道

　日本の機関車製造技術がすでに円熟期を迎えようというとき、国は将来の本線用大型機のモデルとしてイギリス、ドイツ、アメリカに大型機を発注した。8700,8800,8850,8900形の4形式で、テンダは全部国産だった。しかも8700と8850形式では何両かは国内で完成させるというものであった。このうち国産が2両、北海道の三井鉱山奈井江専用鉄道線に再起したと聞き、札幌から出かけて行った。列車の到着時間を何で知ったか定かでないが国鉄奈井江の駅のはずれの専用線ホームにはもう列車が停まっていた。木造ボギー2両と最後尾にはワフが付いており、先頭にはC11形が煙を上げていた。

　キャブに近づき機関士さんに8850号のことを聞く。明日は出てくるよということで一安心し、翌日再度出かけることになるのだが、なぜあのまま便乗させてもらって終点まで乗らなかったのが今思えば不思議だった。この日は札幌にいったん戻り、市電でも撮ったのか記憶はない。それでも翌日1本早い列車で奈井江に行きバックでやって来た8864号など撮って一応目的を達した。

【8864号が牽く混合列車】
国鉄奈井江駅を出て少し砂川方面に歩く。待つことしばし、かなり長い貨車の列の後ろに客車が2両連結されていた。
◎奈井江　昭和33（1958）年8月　撮影：髙井薫平

【函館本線の車窓から】
8864号が牽く列車と並走した。◎奈井江　昭和29（1954）年8月　撮影：竹中泰彦

【8864号機】
入れ替え作業が終わり、列車の先頭に立つ。次位のトラには坑木が積まれている。
◎奈井江　昭和33（1958）年8月　撮影：髙井薫平

【白山行き】
　2両の8850形（8864,8865号）は専用鉄道開業の翌年の昭和25（1950）年にやって来た。混合列車のしんがりを務めるワフ1
の屋根からＴ字型の煙突が屋根を貫いていた。◎奈井江　昭和33（1958）年８月　撮影：髙井薫平

【休車になった8865号】
　8850形式はメインロッドが第１動輪に結ばれており、第２・第３動輪もやや後退してその上に火室が載った構造である。
◎白山庫　昭和37（1962）年８月　撮影：村松功

【8865号の運転台】
すでに休車である。立ち入り禁止の4文字がそれを
物語る。十字に入った窓枠の桟、曲線を描くキャブ
からかつて本線で急行列車の先頭に立った風格がに
じみ出てくる。
◎白山庫　昭和37(1962)年8月　撮影：村松功

【川崎造船所の製造所銘板】
銘板のサイズは外国製に比べてやや小ぶりだった。
◎白山庫　昭和37(1962)年8月　撮影：村松功

【8865号のテンダを見る】
川崎造船所で生まれたこの機関車には片ボギーのテンダが用意された。ちなみにドイツ・ボルジッヒ社から輸入した12両は3
軸式テンダであったが、なぜ両車で違ったかを解説する文書に出会わなかった。
◎白山庫　昭和37(1962)年8月　撮影：村松功

75

【C11-3号が牽く列車】
奈井江専用鉄道は昭和24（1949）年10月の開通だが、これに合わせて同じ三井鉱山の芦別鉄道から3両のC11形が転籍してきた。3両ともその前年、日本車輌で造られたピカピカの新車だった。
◎奈井江
昭和33（1958）年8月
撮影：髙井薫平

【C11-2号機】
国鉄に在籍歴のないC11形が奈井江には3両揃っていた。老友8850形、2両が引退し、C11形3両が一手にこの炭鉱鉄道の輸送を担っていた。
◎白山庫
昭和37（1962）年8月
撮影：村松功

【C11-3号機】
機関庫から半身をのぞかせるC11-3号機、煙突から薄く紫煙が上がっており、こちらも出動準備完了だ。
◎白山庫
昭和37（1962）年8月
撮影：村松功

【C11-1号機】
奈井江の3両のC11形は昭和23
（1948）年日本車輌で誕生した。
新製時は三井芦別鉄道で使用さ
れたが、芦別にC58形が入り機
種の大型化が進んで、開業から
日の浅い奈井江に転属した。
◎白山庫
昭和37（1962）年8月
撮影：村松功

【ナハフ6】
元三井芦別鉄道のナハフ1で、奈
井江線開通に合わせて芦別から
転属した。
◎白山庫
昭和37（1962）年8月
撮影：村松功

【奈井江駅に掲げられた
「専用鉄道乗車心得」】
◎奈井江
昭和34（1959）年7月
撮影：若尾侑

雄別炭鉱茂尻専用線

　茂尻専用線は雄別炭鉱赤平に所属するが、線路長も短く使用した機関車も小ぶりなものばかりで、訪れた鉄道ファンは少なかった。

【1号機】
札幌にあった中山製作所が昭和14（1939）年に作った小型機関車。誕生時は尺別炭坑用で、軌間も762㎜であった。その後尺別鉄道が1067㎜に改軌されたため、失職していた物を昭和19（1944）年に釧路工機部で1067㎜に改造、尺別に戻ったが、昭和25（1950）年茂尻にやって来た。◎茂尻　昭和38（1963）年8月　撮影：宮田寛之

【103号機】
元雄別鉄道の車両で茂尻炭鉱では一番大型であった。昭和44（1969）年に茂尻炭鉱閉山まで主力機として活躍した。
◎茂尻
昭和38（1963）年8月
撮影：宮田寛之

1-2.釧路界隈
雄別鉄道埠頭線

　雄別炭鉱で産出された石炭は、雄別鉄道によっ
て釧路の埠頭に運ばれてくる。途中、鳥取信号所で
釧路に向かう本線と分かれて新富士に向かう。多
くの列車は混合列車で、雄別炭山から重連でひい
てきた機関車はそれぞれ分割した列車をひいて目
的地に向かった。新富士では山側に到着するが、埠
頭線は海側から発着したので国鉄線を横断するの
で根室本線の輸送量増加に対応して昭和43（1968）
年頃に国鉄線を跨ぐ跨線橋が作られている。昭和
45（1970）年に雄別鉄道が廃止になり、釧路開発埠
頭鉄道に引き継がれた。

　さて、雄別ふ頭にはダイコンこと9200形が2両
活躍していることで知られており、埠頭に向かう。
もう陽は西に傾いていたが、とにかく辿りついた。
どこをどう歩いたのか、バスに乗ったのかまった
く記憶にないがともかく釧路埠頭の積み出し線に
9200形が煙を上げていた。
　雑然とした構内に「雄別ふ頭駅」の看板があり、
ここがまぎれもない駅であることを示していた。
この日釧路から札幌行の夜行に乗るのだが、途中
明かりのついていたラーメン屋に入り、そのあと
釧路駅まで多分歩いたのだろう。

【9200形は石炭桟橋がよく似合う】
釧路の雄別埠頭には2台のダイコン9224号と9233号がいて、もっぱらセキを石炭桟橋に引き上げていた。
◎雄別埠頭　昭和29（1954）年8月　撮影：竹中泰彦

【機関庫に憩う9224号】
◎雄別埠頭
昭和29（1954）年8月
撮影：竹中泰彦

【9233号機】
雑然とした機関庫風景。「ゆうべつふとう」という駅名標からここが駅であることが分かる。
◎雄別埠頭
昭和29（1954）年8月
撮影：竹中泰彦

【1400形1409号】
明治29（1896）年ドイツ・クラウス社で生まれた古典機である。1400形式のルーツは九州地区で北海道まで流れてきた例は少ない。埠頭線での役割は主に機関庫内の入れ替え作業で、石炭桟橋に上がることはなかったようだ。
◎雄別埠頭
昭和30（1955）年8月
撮影：竹中泰彦

【9224号の牽く列車】
セキを牽いて雄別埠頭に向かう。
貨車の上にスコップを持った人が
立っている、煙突から出る煙の流
れから見ると、構内は近いようだ。
◎新富士
昭和29（1954）年8月
撮影：竹中泰彦

【釧路開発埠頭　KD1301号】
釧路開発は雄別鉄道埠頭線を引き
継いだ会社でほかに石油輸送を受け
持った西港線を持っていたが、1984
（昭和59）年埠頭線、1999（平成11）
年に西港線は廃止になり、翌年、会社
は解散した。ＫＤ1301は元雄別鉄道
ＹＤ1301を引き継いだもの。
◎新富士
昭和63（1988）年9月
撮影：藤岡雄一

【釧路開発埠頭　KD5002号】
日本車輌で造った新造車。その
後、中古車ながらＤＤ13タイプ
が揃うと予備に回った。
◎新富士
昭和63（1988）年9月
撮影：藤岡雄一

雄別炭鉱尺別炭鉱線

　釧路炭田というか国鉄根室本線の列車が、釧路に入る手前にいくつかの石炭専用鉄道に出会うことができた。その一つが雄別炭鉱の傘下である尺別炭鉱専用鉄道（尺別鉄道）で、結構バラエテイに富んでいた。尺別鉄道はもともと軌間762㎜の軽便鉄道で1920年に開業、その後1067㎜に改軌している。また昭和37（1962）年1月には地方鉄道に格上げ、身内だけの旅客輸送を一般に開放しているが、昭和45（1970）年4月に鉄道自体が廃線になった。

【新尺別駅構内】
この頃の主役はB6形だった。機関庫の奥には1311号が待機中。
◎新尺別
昭和29（1954）年8月
撮影：竹中泰彦

【社尺別駅】
手前にセキが3両、遠くに単車の客車が見える。機関車はまだ連結されていない。
◎新尺別
昭和29（1954）年8月
撮影：竹中泰彦

【社尺別駅駅名標】
昭和37（1962）年から地方鉄道に格上げ、一般の乗客も利用できるようになったが、それ以前から駅名標には（社）尺別と書かれていた。
◎昭和40（1965）年8月　撮影：今井啓輔

【雄別炭鉱尺別鉄道の杭】
◎尺別（1965）年8月
撮影：今井啓輔

【7212号と1311号の銘板】
沖田祐作氏著「機関車表」の記載と若干誤差があるが分からない。銘板はボイラーに付いているため、ボイラーの交換があったものと思われる。
◎新尺別
昭和29（1954）年8月
撮影：竹中康彦

【2196号機】
昭和27（1952）年に国鉄から払い下げを受け、C12形が入るまで主力として活躍した。
◎新尺別
昭和29（1954）年8月
撮影：竹中泰彦

【2411号機】
この機関車の尺別入りは昭和23（1948）年と古く、鉄道が廃止になるまで現役だったようだ。尺別鉄道の晩年は各地から集まった3両のC12形が中心になっていた。
◎新尺別
昭和29（1954）年8月
撮影：竹中泰彦

【新尺別機関区】
仕業前、煙を上げる2両の機関車。当時の炭鉱の活気を感じさせる風景。
◎新尺別
昭和29（1954）年8月
撮影：竹中泰彦

【1311号機】
アメリカ・ボールドウィン製のCタンク、国鉄1300シリーズの一つだが、サイドタンクの上面が斜めに切り取られているのが特徴。
◎新尺別
昭和29（1954）年8月
撮影：竹中泰彦

【1311号を真横から見る】
斜めに切り取られたサイドタン
クがよく分かる。
◎新尺別
昭和29（1954）年8月
撮影：竹中泰彦

【101号機】
立山重工業があちこちの工場、
専用線に供給した戦時設計の軸
配置C1のタンク機関車。軍需
品の製造が終了した日本冶金大
江山工場から回ってきた。
◎新尺別
昭和29（1954）年8月
撮影：竹中泰彦

【C12001号の牽く混合列車】
C12001号は四国の土佐交通
からやってきた国鉄C12形と
同型機である。
◎尺別炭山
昭和34（1959）年8月
撮影：若尾侑

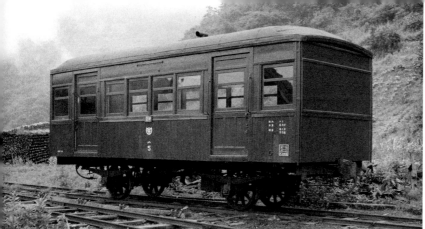

【ハ5】
古典的な2軸単車の集団の中で車体を作り直した車両、2段上昇式窓はスマートだが車端には窓がないがシルヘッダーが付いて単調な妻面を引き締めている。
◎新尺別
昭和29（1954）年8月
撮影：竹中泰彦

【尺別炭山行き列車時間表】
専用鉄道時代の時刻表、昭和33（1958）年6月の文字が見える。列車本数が意外に多いのがわかる。
◎尺別
昭和40（1965）年8月
撮影：今井啓輔

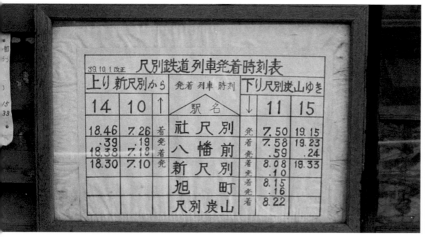

【昭和39年10月1日改正の時刻表】
昭和37（1962）年に地方鉄道になった直後の列車ダイヤは残念ながら分からないのだが、炭鉱が衰退しつつある状態が読み取れるようだ。この5年後、鉄道が廃止された。
◎尺別
昭和40（1965）年8月
撮影：今井啓輔

本岐炭鉱

【庶路　本岐炭鉱】
明治鉱業の先のほうにあったという762mm軌間の炭鉱鉄道だが、明治鉱業廃止と同じ頃に廃止になったらしい。この機関車は楠木製作所製。
◎庶路
昭和34（1959）年8月
撮影：若尾侑

明治鉱業庶路炭鉱専用線

白糠町で開発された炭鉱で、釧路炭田の西端に位置する。大戦の兆しが感じられる昭和14 (1939) 年に本格的採掘を開始した。炭鉱鉄道としての規模は小さく、機関車は3両が在籍した。閉山は昭和39 (1964) 年1月であった。

【打ち捨てられた2両の機関車】
炭鉱の閉山は撮影後であるが、訪問した時すでに機関車は使用されておらず、1、2号は連結した状態で放置されていた。キャブの入り口は盗難防止のためか有刺鉄線が張られ中には入れない。周囲に人はおらずもう1両の機関車の消息も分からなかった。◎昭和37 (1962) 年8月　撮影：村松功

【1号機】
作業局1100形に準じたCタンク機関車。鉄道作業局大宮工場製で、その後、日本鉄道、中越鉄道、鉄道省、雲仙鉄道を経て入線した。◎庶路　昭和37年 (1962) 年8月　撮影：村松功

【2号機】
立山重工業に発注した新製機。森林鉄道の機関車のような大きい煙突が特徴。
◎庶路　昭和37年 (1962) 年8月　撮影：村松功

釧路臨港鉄道

　釧路埠頭で9200形に出会ってから何日か後、再び釧路に戻り、春採に行く。ところが前夜の大雨で構内は水に浸かっていて、おもな車両は少し小高い1線にまとめて避難していた。そんな車両を眺めて国鉄釧路行のバスに乗る。

　釧路臨港鉄道とはその後ひょんなことから仕事上のつながりができた。昭和40（1965）年に入ると機関車はすべてディーゼル化され、新しい石炭輸送用貨車としてホキ6000形が計画された。ホキ6000形は貨車には珍しい連接車だった。石炭専用貨車として面白い仕掛けがあった。それは春採の選炭場に集められた石炭列車は、両端に機関車を付け、知人の積出港まで運んでいく。

　積み下ろしのピットは2線あり、ここで列車は分割されて積み下ろし線に入っていく。それぞれ貨車はホッパを開いて石炭を落とすというもので、これを自動化しようという構想であった。列車の分割、ホッパの開閉はすべて機関車から遠隔操作で行うもので、貨車と機関車はすべて電気連結器を装備することになり、その電気連結器の設計製作を当時勤めていた会社で担当することになる。

　貨車の連結器は密着連結器ではないから、直線的に連結する電気接点の構造と前蓋の自動開閉に苦労したが、50年たった後、現場に伺うと大事に使っていただいているのに接し感激したものであった。もっとも、構造が難解だった前カバーはほとんどが取り外された状態で使用されていたが、平成31（2019）年6月に日本最後の運炭鉄道が幕を下ろすのに一抹の感慨を持ったものであった。

【春採機関庫】
まだディーゼル機関車が入線していない頃、機関庫の主は日本車輌製オリジナルの1C2タンク機と後から増備されたB6形だった。◎春採　昭和30（1955）年8月　撮影：竹中泰彦

【5形（7号）】
国鉄C11形と同じ軸配置を持つ47トン機関車。私鉄向け狭軌機関車では国鉄形を除けば最大クラスである。ちなみに1形は元国鉄3390形、1C1の軸配置を持つアメリカ・ボールドウイン製。
◎春採
昭和30（1955）年8月
撮影：竹中泰彦

【5形（7号）】
2軸中台車は国鉄C11形と異なり、内側フレームタイプで古臭く感じる。
◎春採
昭和30（1955）年8月
撮影：竹中泰彦

【10形（10号）】
元国鉄2381号イギリス・ノースブリテッシュ社で1905（明治38）年に製造。昭和25（1950）年に入線した。
◎春採
昭和30（1955）年8月
撮影：竹中泰彦

【10形（11号）】
元国鉄2356号。次位の緩急車も珍品だが写真を撮っていない。
◎春採
昭和34（1959）年8月
撮影：若尾侑

【D101号機】
釧路臨港鉄道のディーゼル機関車投入は早いほうだ。昭和33 (1958) 年に１号機として投入した。国鉄DD13形に似ているが台車はサイドロッド式である。ただ１号機の試用期間が長く、２号機投入まで４年を要している。
◎春採
昭和34 (1959) 年８月
撮影：若尾侑

【D201号機】
昭和37 (1962) 年に日本車輌で生まれた。石炭を落とす積み込み施設の下に潜り込むため、屋根はフラットになっている。また改造工事で電気連結器付密着式自動連結器に取り換えられている。なお、D201はエンジン出力が小さかったこともあり、昭和61 (1986) 年に廃車になった。
◎春採
昭和42 (1967) 年10月
撮影：髙井薫平

【DD401号が牽くセキ列車】
DD101号の実績を踏まえて同じく日本車輌で造られた。相変わらずロッド式駆動は変わらないが、エンジンは強化された。のちに知人石炭桟橋における自動開閉や新型セキ6000形による自動解放、積み下ろしのためこの機関車にも電気連結器が取り付けられた。
◎春採
昭和42 (1967) 年10月
撮影：髙井薫平

【D501号機】
機関区やヤードでの入れ替え作業専業で造られたB形機関車、L型の小型機だった。
◎春採
昭和42（1967）年10月
撮影：髙井薫平

【DE601号機】
昭和45（1970）年に日本車輌で生まれた電気式デイーゼル機関車。技術的にはアメリカ・ゼネラルエレクトリック製、ノックダウン式に日車で組み立てたというのが真相で、エンジン、電気品もほとんどアメリカ製という珍しいもの。
◎春採
昭和61（1986）年8月
撮影：服部朗宏

【D701号機】
昭和53（1978）年に日本車輌で製造された国鉄D13タイプである。駆動方式がロッド式から標準的な方式となった。
◎春採
平成9（1997）年1月
撮影：亀井秀夫

【春採を出た石炭列車は連接式セキ6000形】
24両の両端にディーゼル機関車が付く。呼人に近づ着くと2列車に分割、それぞれの積み下ろし線に入り、機関車からの指令で1ユニット2両ずつ石炭を下ろしていく。◎知人　平成30（2018）年11月　撮影：髙井薫平

【セキ6000形（セキ6082_セキ6081）】
日本で初めてで最後であろう連接式石炭車である。しかも連結器には空気と電気連結器（24接点）を取り付けた密着連結器を装備した。◎春採　昭和42（1967）年10月　撮影：髙井薫平

【連結解放の瞬間】
離れた機関車からの指令で解放する。
◎春採　昭和42（1967）年10月　撮影：髙井薫平

【ＩＣ102形電気連結器】
電気接点は24入っている。
◎春採　昭和42（1967）年10月
撮影：髙井薫平

【ワフ1形（2）】
釧路臨港鉄道時代、しんがりを
務めたユニークな緩急車。
◎春採
昭和30（1955）年8月
撮影：竹中泰彦

【セラ200形（209）】
石炭輸送専用貨車。あちこちの
炭鉱を回ったが出会うことのな
かったタイプの車両。日本車輌
製の木造3軸車で、汽車會社製
の233〜242を加えて主力の石
炭車だった。
◎春採
昭和30（1955）年8月
撮影：竹中泰彦

【坑外線用電気機関車】
ゲージは610㎜。このひょろ長いスタイルの機関車の任務は、構内から上がってきたトロの先頭に立って、選炭所まで運ぶことだ。
◎春採
昭和45（1970）年8月
撮影：髙橋慎一郎

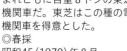

【東芝製8トン電気機関車】
手前の2号は1948（昭和23）年。8号は1958（昭和33）年、一番奥の6号は1954（昭和29）年生まれともに自重8トンの東芝製機関車だ。東芝はこの種の電気機関車を得意とした。
◎春採
昭和45（1970）年8月
撮影：髙橋慎一郎

【掘った石炭を春採の選鉱場まで運ぶ】
複線だがなぜか右側通行。
◎春採
昭和45（1970）年8月
撮影：髙橋慎一郎

国内最後の炭鉱鉄道、釧路臨港鉄道
（太平洋石炭販売輸送）

石川 孝織

炭鉱と鉄道

　「炭鉱は輸送業である」「ヤマを買うならまず道を買え」という言葉がある。たとえ、坑内での採炭効率が向上しても、坑内運搬、選炭、そして仕向先への輸送効率も一貫して向上させなくては、生産量の増大は不可能である。採炭切羽から消費地というこの「石炭の道」において、鉄道は重要な役割を担った。

　かつて産炭地には、各炭鉱と国鉄線・港湾を結ぶ私鉄が数多く存在した。北海道内においては、石狩炭田に夕張鉄道、三菱鉱業大夕張鉄道、同美唄鉄道、三井芦別鉄道、留萌炭田に留萌鉄道、天塩炭砿鉄道、苫前炭田に羽幌炭砿鉄道が、そして釧路炭田では釧路臨港鉄道、雄別鉄道、尺別鉄道が、さらに専用鉄道や専用線なども加えれば、中〜大規模炭鉱は全て鉄道が輸送を担っていた。

　これらは石炭輸送のための鉄道であるから、炭鉱閉山はその存在意義を失わせる。上記の道内私鉄で、閉山後も運行を継続できた路線は存在しない。

釧路臨港鉄道開業

　1923（大正12）年、釧路港南埠頭での鉄道敷設を企図していた鈴木宗竹（三上運送店）ら当時の釧路財界と、それまでの馬車鉄道を使った石炭輸送の抜本的増強を考えていた太平洋炭砿が、釧路臨港鉄道を設立する。

　1925（大正14）年2月12日、まず春採〜知人が開通、翌月には春採〜東釧路（当時は上別保信号場）が開通し、根室本線と接続する。

　その後、1940（昭和15）年までに、釧路市東部（釧路川左岸）を逆C字形に囲む、入舟町〜城山11.5kmが完成する（路線名は「臨港線」東釧路〜入舟町・「城山線」東釧路〜城山）。

　貨物輸送では太平洋炭砿の石炭がその多くを占め、加えて釧路港の移出入品が加わった。太平洋戦争では、戦局悪化により海上輸送は困難を極

釧路臨港鉄道 春採駅付近。左手は春採湖、煙突は炭鉱の発電所。◎昭和初期　所蔵：釧路市教育委員会

旅客輸送の主力を担ったキ
ハ1001。
◎入舟町駅
昭和30年代
所蔵：釧路市立博物館

め、釧路炭田および樺太の炭鉱は1944（昭和19）年
8月、保坑・休坑となったため、太平洋炭砿春採
坑も生産量は前年の58万トンから18万トンに大き
く減少、臨鉄の貨物輸送量も1941（昭和16）年度の
129万トンから1945（昭和20）年度は38万6千トン
へ激減した。

　終戦後、復興とともに太平洋炭砿の石炭生産量
も増加、1951（昭和26）年には81万5千トンまで回
復した。さらに「傾斜生産方式」で炭鉱へ重点配
分される物資、道東一円から釧路港へ集まる農産
物の輸送など、引き続き臨鉄は重要な役割を担っ
た。貨物輸送量は1948（昭和23）年には82万6千ト
ン、1954（昭和29）年には103万トン、1960（昭和35）
年には152万トンとほぼ一貫して増加し続けた。

　また旅客営業は開業から1年後の1926（大正15）
年2月から開始され、炭鉱関係者を中心に多くの
人々が利用した。桜の名所「茅野公園」へは春採
駅から道路が作られ、花見の時期には列車も増発、
「1年分の稼ぎをこの1日というほどの繁じょう
ぶり」と当時の新聞は報じている。

　1949（昭和24）年の太平洋炭砿別保坑（現 釧路
町）の閉山にともない、春採坑への社宅の移転が
完了する1956（昭和31）年まで、根室本線の上別保
（1952年「別保」に改称）～東釧路～春採を結ぶ、
国鉄・臨鉄直通の通勤列車が運行されていたこと
も特筆される。

　機関車は開業時の1924・25（大正13・14）年、鉄
道省（国鉄）より1893・1898年英国ボールドウィン
社製の蒸気機関車「3390形」を3両譲受（1～3
号）、続いて1929（昭和4）、1937・1941・1943年に
それぞれ1両ずつ新製する（日本車輌製造製・5
～8号）。戦後は1951（昭和26）年、国鉄よりいわゆ
るB6「2120形」2両を譲受した（10・11号）。3号
は1936（昭和11）年に事故により、1・2号は1950
～51（昭和25～26）年に廃車となり、以降昭和30
年代は5～8・10・11号の6両体制で運行した。

　客車は同じく開業時に鉄道省から2両を譲受
（フコハ1・2）、続いて1932（昭和7）年には気動
車キハ1を導入し旅客輸送にあたった。なお、キ
ハ1は1952（昭和27）年に客車化されコハ1となっ
ている。戦後、1947（昭和22）年には渡島海岸鉄道
からキハ101を譲受、同じく1952（昭和27）年に客
車化されコハ101となった。

　旅客輸送の主力は、キハ1001が担った。北海道
鉄道（2代）キハ553として日本車輌製造で1938（昭
和13）年に新製、1943（昭和18）年、戦時買収によ
り国鉄キハ40363となり、1951（昭和26）年に臨鉄
が譲受した。同年中に客車化されナハ1となるが、
翌1952（昭和27）年には車掌室を設置しナハフ1と
なり、さらに1953（昭和28）年には再びエンジンを
載せキハ1001となった。北海道内初のトルクコン
バータを装備した気動車であったが、総括制御は
できなかった。

　炭鉱と港を結んだ臨鉄では線内輸送がメインと

なるため、石炭車は自社発注の３軸車「セラ200形」が導入された。貯炭場の石炭桟橋（この上で石炭を取り卸す）は木製だったが、コンクリート製に置き換えられる。1939（昭和14）年に１号桟橋、1942（昭和17）年に２号桟橋が完成し、これらは鉄道廃止まで使用された。

旅客輸送の廃止・貨物輸送への傾注

　臨鉄は1958（昭和33）年に道内炭鉱鉄道初のディーゼル機関車となるD101を、1962年にはD201を導入する。これは積極的な近代化というより、輸送量の増大による機関車の増備という側面が強かったと考えられる。石炭列車は引き続き蒸気機関車がけん引していた。

　旅客輸送については炭鉱の福利厚生的な性格が強く、運賃も低廉に抑えられており、また釧路市の中心街である北大通や国鉄釧路駅に直結しないことから、バス網の充実とともにその利用は限定的となっていた。1953（昭和28）年には、炭鉱社宅街「下町」の中心に永住町駅、1961（昭和36）年には緑ヶ岡駅・材木町駅が開業し、朝の通学時間帯

に永住町～緑ヶ岡を往復する通学列車を運行するが、これも福利厚生的な施策といえよう。

　1961年度の石炭輸送量、年1,572千トンのうち、選炭工場から釧路港への輸送である春採～知人の石炭輸送は1,265千トンと80％を占めていたが、線路容量的に同区間ではこれ以上の増発は困難であり、旅客列車は運行上の厄介者となっていた。1962（昭和37）年度における旅客収入2,780千円は貨物収入191,632千円の1.5％にも満たず、旅客営業の廃止による収入減は極めて限定的であり、さらなる石炭生産量の増加が予想される状況において、貨物輸送に経営資源を集中するという判断がなされたのであった。

　1963（昭和38）年10月31日を最終日とし、釧路臨港鉄道は旅客営業を廃止とした。以後、貨物輸送専業の鉄道となり、旅客輸送は路線拡充を続けていたバス（東邦交通：現 くしろバス）が担う。

吉田恕社長による近代化推進

　主要荷主である太平洋炭砿は、機械化・高能率化を強力に推し進め、生産量を劇的に増加させた。

入換を中心に活躍した国鉄から譲受の「Ｂ６」11号、背後は選炭工場。◎春採駅　1954（昭和29）年　所蔵：釧路市立博物館

春採駅を発車するセラ200形を連ねた石炭列車。写真右手は鉱業所、丘の上には炭鉱病院、斜面には炭鉱社宅が建ち並ぶ。
◎1957（昭和32）年頃　所蔵：釧路市教育委員会

1948（昭和23）年の年53万トンから、1960（昭和35）年には100万トン、1969（昭和44）年には200万トンを超え、同社が実用化した「SD採炭方式」により年250万トン体制を整える。

　これに対応する石炭輸送体制の構築は、太平洋炭砿から釧路臨港鉄道に転じた社長、吉田 恕（はかる）（1963〜1972年在職）に依るところが大きい。吉田は自らが創刊した社内報「臨鉄」に、「多角経営の為に、先ず時代の波にのり遅れている内部を固めて、経営の基盤を作るべき」「バラスも充分はいっていない線路に、近代的ディーゼル・ロコが走っても、能率も上がらず、最近の実例から見ても、保安上極めて危険を伴うものでありますので、軌条の更新と、保線の万全を早急に完成する予定」「又本年中に、従来二台のディーゼル・ロコに1000馬力及び500馬力の、新鋭ディーゼル・ロコ二台を追加購入して、永い間使いふるした、蒸気機関車を全廃して一元化し、全道に数少い、自動転轍装置を入替の際に最も煩雑な、春採駅及び知人駅構内に施設して、社員の重労働の軽減を図り、又動力車乗務員の無線連絡設備も取付けて保安の万全を期し、合理的運営を図り、日進月歩の技術革新に、一歩でも近づきたいと念願」と、現状と問題点を具体的に挙げ、今後の方針を述べている。

　1960〜70年代は、鉄道貨物を取り巻く状況が大きく変化した時代であった。戦後復興から高度経済成長期にかけて、鉄道貨物は物流の主役として大きな役割を果たした。石炭においても生産量の90％を鉄道が輸送、それは国鉄貨物輸送量全体の約25％を占め1970（昭和45）年まで常に首位であった。しかし、1964（昭和39）年度には国鉄貨物にかかる経費が収入を上回るようになり、モータリゼーションの進展の中で特に貨物において自動車輸送が急増、鉄道輸送のシェアはトンキロベースで1955（昭和30）年の52.6％から1975（昭和50）年の13.1％まで激減した。

　石炭産業も閉山が相次ぐなど状況が変化、各炭鉱はスクラップとビルドアップに二分され、後者であった太平洋炭砿は生産量をさらに増加させていくなかで、臨鉄はそれに対応する大量輸送体制の構築を迫られていたが、運行体制も会社組織も限界が来ていた。「太平洋炭砿」という大荷主の存在により臨鉄の経営は常に黒字ではあったが、吉田はそれが故に「旧態依然として、太平洋炭砿石炭輸送のみに依存し、時代の流れに、置き去られつつある現状」（社内報「臨鉄」）と危機感を持っ

ていた。倉庫業の拡充や経営多角化も積極的に進めるとともに、本業の貨物輸送でも強力な近代化を図っていく。

(1)ディーゼル機関車の追加導入

　D101、D201に続き、1964（昭和39）年にD301・D401、さらに1966（昭和41）年にD501を追加導入、道内炭鉱鉄道の中で最も早い無煙化を実現した。

　さらに、1970（昭和45）年には電気式ディーゼル機関車DE601が登場する。これは米国ゼネラルエレクトリック（GE）により世界的には「U-10-B」という形式名で各国に輸出されている機関車であるが、DE601は日本車輌製造の提携により製造され、日本国内では唯一の存在であった。他の機関車に比べ、牽引力も10％向上し、燃料消費は15％削減できる。運転室は前方に偏って配置されているため後方の視界が狭く、対応として当初は監視用テレビカメラが設置されていた。そのため、シャトルトレーンでは必ず知人駅側（A車）に連結される。なお日本車輌製造からの要望で試験的に使用していたが、これを受け入れ、主力機関車としたのは太平洋炭砿と同じく、「進取の気概」を社風とした「臨鉄らしさ」であろう。

　その後、D701を1978（昭和53）年に導入、けん引力が小さかったD501は廃車、売却となっている。

(2)信号・保安装置の近代化

　1964（昭和39）年、石炭輸送である春採・知人両駅に第1種電気継電連動装置を導入する。当時、同装置が導入されていたのは、北海道内では国鉄の3駅（岩見沢駅・札幌駅・苫小牧駅）のみであった。

　さらに臨港駅に一部機能が簡略化された第2種電気継電連動装置を導入、1968（昭和43）年には春採～臨港の自動閉塞化を行う。また知人駅構内を春採駅からの遠隔制御による一括管理体制に移行し、知人駅を無人化した。

　あわせて1965（昭和40）年には無線通信網を構築、本社、春採駅と知人駅の3か所を基地局、機関車および車掌を移動局とし、これら相互の連絡を自由にした。これにより列車入換時の手旗での誘導を基本的に廃したが、これは国鉄を含めて全国でも最先端の取り組みであった。

(3)「シャトルトレーン方式」の導入

　蒸気機関車全廃後、春採～知人の石炭輸送は通称「ピストン方式」と称し、国鉄から譲受したセキ1形石炭車（荷重30t）24両編成で1日9往復運行、一定の輸送量を確保した。しかし以下のような問題を抱えていた（吉田恕・1967「近距離大量輸送における合理化」JREA 10（7）に一部加筆）。

①出炭量に比べて選炭工場のポケット容量が小さく、出炭の時間波動に対応できないことがしばしばあり、配車予報も的確を欠き無駄な入換、エクストラダイヤでの運行を強いられるなど、ダイヤ混乱の原因となっていた。

②出炭の時間波動に対応するため在籍車両数過多となり、貨車使用効率が悪いばかりでなく維持費が嵩んでいた。

③1運行あたり区間走行8kmに比べ、入換走行が6kmもあり空費時間が多かった。

④積込に合計57分、取卸しに35分を要し、積み込み・走行（12分）・取り卸し・走行の1サイクルでは116分を要していた。

⑤冬期寒冷時には石炭凍結のため取卸作業が不調となり、ダイヤ混乱の原因であったばかりでなく、いわゆる「ガンガン叩き」をされるため車体の損耗もはなはだしく貨車修繕費も多額を要した。

⑥老朽車であるため排炭扉口から混炭水が洩れ、線路砕石の取替周期が早く保守費がかさんでいたばかりでなく、石炭損失量も大きかった。

⑦列車長が長く入換操車も複雑なため、入換要員数を多く必要としたばかりでなく、これが負傷事故発生の原因ともなっていた。

　そこで1運行サイクルの所要時間を極力短縮し、運行頻度を可能な限り増加させて輸送能力を向上させるシステム「シャトルトレーン方式」の検討が1964（昭和39）年より進められた。編成の両端に機関車を連結することで付け替え作業（入換・機回し）を不要にし、前半の「A車」と後半の「B車」の2編成に分割することで春採駅での積み込みや知人駅（貯炭場）での荷卸しでは2線で同時作業し効率を上げ、取卸しを後述の石炭排出扉自動開閉装置により自動化、これにより輸送時間1サイクルは57分まで短縮した。

(4)石炭排出扉自動開閉装置

　シャトルトレーン方式の中心的技術は、「石炭排出扉自動開閉装置」である。これは吉田が創案、太平洋炭砿技術陣との共同研究により開発され、

日本車輌製造が運輸省による研究補助を受けて製作した。排出扉を機関車から集中制御し、荷卸しの省力化と時間短縮を図る。1964（昭和39）年8〜9月、試験的にセキ1形石炭車1両に空気モーターとチェーン駆動による自動開閉装置を取り付ける改造を、さらに翌1965（昭和40）年8月3日には12両編成での現場適応試験（試運転）を行った。結果は良好であったが、空気モーターについては圧縮空気の使用量が大きく改良の必要があった。

そして1966（昭和41）年1月10日から、春採〜知人の石炭輸送は全面的に「シャットルトレーン方式（シャトルトレイン方式）」に改められた（3月までを試験期間とし4月から正式運転）。しかし中古車であるセキ1形は老朽化が著しく保守費が増大、また扉からの漏炭など問題も多かったため、より効率的な運用を目指した本格的なシャットルトレーン用連接石炭車を新製する。を決定、そのセキ60000形（後にセキ6000形に改称）は日本車輌製造が製造を担当し、1966（昭和41）年12月から冬季試用を開始、翌1967年4月から14両編成の暫定編成で本格的に運用を始めた。

当初は1荷箱60トン積載の石炭車を目標としていたが、地方鉄道法に定められた設計基準に適応しない点や運転保安上不利な点があり、30トン積載石炭車2両3台車で1セットとする連接車方式で60トン積載を実現した。春採〜知人のみで運用され国鉄線への乗り入れ（連絡輸送）を想定していないことも、国内貨車ではそれまで前例がなかった連接車方式採用の理由であろう。これにより1両あたりの台車を減らし（1.5台車／両）、自重（車両の重量）を軽量化できる。いっぽうで軸重（1軸あたりにかかる重量）は大きくなるため、軌道の強化が必要となり、春採〜知人は50kgレールへ更換される。

また連結器には密着式自動連結器を採用、自動開閉装置用の電気連結器も備え、列車解結は機関車からの遠隔操作で可能とした。機関車から遠隔操作できる排炭扉自動開閉装置を備え、空気シリンダ式を採用することで圧縮空気の使用量削減し、また「バタン」と勢い良く開扉するようにし粉炭のへばり付きを防止し、荷箱内に硬質塩化ビニール板を張り付けることで石炭の凍結を防止するなど、多くの特徴を持っている。このセキ6000形の導入により、輸送時間は1サイクル47分まで短縮された。

国鉄貨物輸送縮小で石炭輸送のみに

1979(昭和54)年、釧路臨港鉄道は太平洋石炭販売

新製直後のDE601。◎1970（昭和45）年　所蔵：釧路市教育委員会

シャットルトレーンを牽くDE601。◎春採駅　2000（平成12）年頃　撮影：笹正之

輸送に合併となり、同社の釧路臨港鉄道本部となる。しかし、かつての略称である「臨鉄」と親しみを込め呼ぶ市民も多かった。

　石炭輸送は200万トン以上を維持していたが、1986（昭和61）年、国鉄の貨物輸送縮小合理化により国鉄線との連絡運輸が廃止、石炭以外の貨物輸送は無くなる。路線も春採〜知人4.0kmのみに縮小し、炭鉱と港を結ぶ石炭輸送に特化した、開業当初の区間のみとなった。

　この連絡運輸廃止を記念し、1986（昭和61）年10月には、23年ぶりに乗客を乗せた列車が、国鉄から借り入れた50系51形客車3両を使用し、臨港〜東釧路〜釧路（根室本線）で運行された。

釧路コールマインへ移行後も

　2002（平成14）年の太平洋炭砿から釧路コールマインへの縮小移行（2002年）時には、鉄道を廃止して全てトラック輸送に転換する案もあったが、鉄道輸送の継続が決まる。列車の運行は、それまでの24時間体制から移行直前に日中のみとなったが、1列車あたり最大720トンの石炭を載せた列車が1日最大6往復運行され（石炭の生産量にあわせ運行本数は変動する）、国内唯一の炭鉱鉄道として、市民や鉄道愛好家からも注目される鉄道であった。

　しかし、釧路コールマインで生産される石炭の多くが、炭鉱の近くに新たに設置される「釧路火力発電所」（2017年着工）で使用されることとなり、北海道内・外への船舶による石炭輸送は必要なくなる。これは同時に、炭鉱と港を結んでいた鉄道の使命が失われることを意味する。2020（令和2）年の同発電所の運転開始を前に、2019（平成31）年3月末で石炭の輸送契約が終了となり、「臨鉄」はその歴史に幕を下ろすこととなった。3月30日には最終輸送が、4月6日に「さよならセレモニー・さよなら運転」が行われた後は休止となり、そして7月1日廃止となった。

　なお、海外炭の輸送（扇町〜三ヶ尻／JR貨物・秩父鉄道）も翌2020（令和2）年3月ダイヤ改正で廃止となり、我が国鉄道の黎明期から長く続けられてきた鉄道での石炭輸送は、全て姿を消すこととなった。

　廃止後は線路の撤去などが順次進められた。車両は国内外への売却が予定され、保線用車両は売却先へ移送されたが、機関車・貨車はコロナ禍などの影響で、旧春採駅に置かれたままとなっていた社名からも「石炭」が消え、新太平洋商事（株）に改められた。そして2022（令和4）年秋には売却契約が白紙となり、惜しまれつつも全車解体となった。車両部品の一部は、図面文書、軌道・信号関係部品、表示看板類などとともに釧路市立博物館が受贈、収蔵している。

（釧路市立博物館学芸員）

1-3.道北の炭鉱鉄道など

道央の炭鉱地帯から少し離れて道北の日本海寄りにいくつかの中小炭鉱が存在した。これらは昭和12（1937）年の日中戦争が勃発、さらに太平洋戦争が昭和16（1941）年に起きて日本は戦時体制に移っていく中で、鉄道の用途も大きな変貌が余儀なくされた。国内の産業、特に石炭の増産は必須のものになり、国内産の石炭増産が叫ばれたことで開発された比較的新しい炭鉱である。また国内に殆ど産地を持たない石油に代わるものとして、人造石油の製造工場の第2弾が留萌に計画され、新しい炭鉱開発に拍車のかかった時期でもあった。それらは第1巻でご紹介した羽幌炭鉱鉄道、天塩炭鉱鉄道のように旅客輸送を含めた新しい鉄道のほか、石炭輸送に特化した専用鉄道もいくつか生れている。

明治鉱業昭和炭鉱専用線

1巻でご紹介した留萌鉄道の終点にあった炭鉱で、ここにかつて東横電鉄の建設に活躍した2両のドイツ・クラウス製のBタンク機関車が活躍した。炭鉱廃鉱後この2両の機関車は流転の旅に出るが、17号機は那珂川清流保存会に15号機はかつての幌新駅近くに作られた温泉施設で屋根付きの設備に保存され、天気の良い日は表に引き出されている。

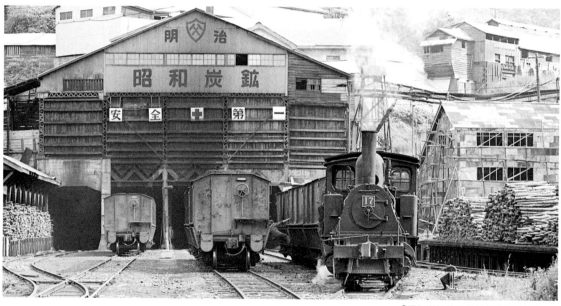

【昭和炭鉱積み込み場と17号機】
◎昭和炭鉱　昭和31（1956）年8月
撮影：齋藤晃

【15号機】
◎昭和　昭和33（1958）年8月
撮影：髙井薫平

藤田鉱業小石専用線

今は廃線になった天北線小石で降りる。ちょうどお盆の中日、胸騒ぎがしたが鉱業所までおよそ1kmの緩い登り勾配を歩く。たどり着いた機関庫事務所の大戸は固く閉じられ、中に2台の古典テンダがいた。すっかり火を落とした感じで、庫に入れてもらうのがせい一杯だった。5560号機と8112号機しかいないように思ったが狭い庫の中、どうにもならなかった。8100形は8104号機と8112号機がいたがともに定山渓鉄道からの転入機であった。

【木造の積込設備】
◎鉱業所
昭和38(1963)年8月
撮影：宮田寛之

【8112号機】
8100形式は2両が在籍した。8104号機は国鉄から定山渓鉄道を経て入線。8112号機は国鉄から直接入線した。
◎小石
昭和34(1959)年8月
撮影：若尾侑

日曹炭礦天塩鉱業所専用鉄道

　昭和11（1936）年に日曹鉱業がなぜか前所有者の東本願寺大谷光暢から買収した炭鉱といわれるが、交通不便な場所で輸送手段に苦慮し、昭和15（1940）年に豊富（国鉄駅）から一坑間で16.7km（のちに三坑間で13.3km延長）の鉄道が開通した。すでに国は戦時体制に入っており、機関車をはじめ、鉄道建設資材も全国から調達された。

　機関車は勾配もあったため9600形式が主力だったが、開業時には各地の地方鉄道からタンク機関車が供出されている。それらはすでに廃車になったり、他に移籍されたりして、廃坑の時には9600形が4両残り、うち1両は愛好家の手で保存されている。また沿線の住民のため、混合列車が2往復設定されて利用者も多かった。

　現在、豊富といえば石油の匂いのお湯で有名な豊富温泉がある。宿の人に炭鉱のこと、鉄道のことを聞いたが御存じなく、何も残っていない感触であった。

【9615号機】
日曹炭礦専用鉄道開業時、集められたのはテンダ機関車（5560号）1両で、それ以外はタンク機関車であった。これらの一部は訪問時に1両が残っていたはずだが、現車に出会えていない。この9615号は国鉄から払い下げを受けた9600形の4両のうち、初期タイプでキャブの形が量産機と異なりキャブの下端が緩いカーブを描いたタイプ。しかもこの9615号にはデフレクタが付いているのも特徴である。
◎六坑
昭和34（1954）年8月
撮影：若尾侑

【9643号機】
実はぼくは炭山までは行っていない。豊富の構内で出てきたのがこの9643号で、期待していた7228号ではなかった。あの頃9600形や8620形は国鉄にはごろごろいて、ポチポチ炭鉱鉄道に払い下げが始まったころである。だから当時のぼくにとって専用線における8620形や9600形は古典機関車たちを廃車に追い込んだ憎い車両という思いが深かったというのは言い過ぎか。それにしても、この機関車は幸せ者である。それは日曹炭礦鉄道が廃止された時、サッポロビール園に引き取られた多が、ビール園の都合で引き取り先を探すことになり、趣味の有力者の手によって引取られてニセコ駅前に保存されたとのことである。◎三坑　昭和33（1958）年8月　撮影：竹中泰彦

【49678号機】
　4両の9600形が在籍したが、この49678号は昭和36（1961）年8月に、国鉄から払い下げを受けた。鉄道廃止まで使用され、現在豊富町の公園に保存されている。◎豊富　昭和45（1970）年8月　撮影：荻原俊夫

【7228号機】
鉄道省も大変な間違いをしでかすようで、7200形式といえばあの義経・弁慶などを冠した北海道炭鉱鉄道7100形式の後継機7200形式24両の続き番号7225,6,7号の3両のうちの1両である。7200形式の増備の形に見えるが、同じなのはメーカーと軸配置位で車体は大きくなり、重量も大きい。どちらかといえば8100形式に近い。国鉄時代はもっぱら入れ換え用などに使われたようだが、幸運なことに日曹炭礦に払い下げられ第一線で活躍した。◎六坑　昭和33（1958）年8月　撮影：竹中泰彦

【7228号機】
２軸客車を連結して、今にも走りだそうだが、すでに休車になった後の姿。この機関車、7228号のナンバープレートを付けているが、実は国鉄時代の番号でなく、旧番号は7225号、何故か日曹炭礦に来てから国鉄にはなかった7228号に改番したらしい。
◎一坑
昭和34（1959）年８月
撮影：若尾侑

【8113号機】
◎一坑　昭和30（1955）年８月
撮影：竹中泰彦

【8113号機】
国鉄から入線。北海道の私鉄で売れっ子の8100形であるが、昭和34（1959）年には9600形が揃ったため、7228号機とともにもっぱら炭山での入れ替え仕業に就いていた。◎六坑　昭和34（1954）年8月　撮影：若尾侑

【一坑にて】
1日2往復の便乗列車を利用する人たちで駅は賑わっている。◎一坑　昭和30（1955）年　撮影：竹中泰彦

【フハ1】
鉄道局神戸工場で生まれたのちに北海道に渡り北海道鉄道のフロハ1という合造車だった。昭和17(1942)年、日曹炭礦入りした。
◎一抗
昭和30(1955)年8月
撮影：竹中泰彦

【フハ2】
元フロハ927。フハ1と同型車で同じ経緯をたどって日曹炭礦入りした。
◎一抗
昭和30(1955)年8月
撮影：竹中泰彦

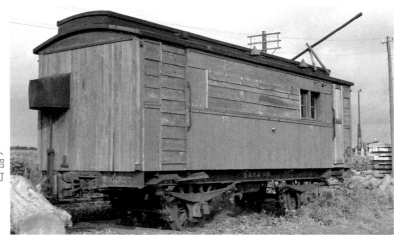

【フハ3】
明治15(1882)年、鉄道局神戸工場製、元鉄道省の3等車だった。すでに昭和28(1948)年に廃車され窓は板が打ち付けられている。
◎豊富
昭和30(1955)年8月
撮影：竹中泰彦

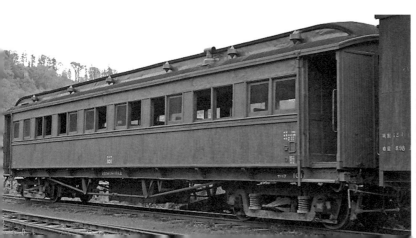

【ナハフ101】
元国鉄ナハフ14400で戦後の昭和29(1954)年に払い下げを受けた。国鉄からオハ31 197が入るまで第一線で使用された。
◎六抗
昭和30(1955)年8月
撮影：竹中泰彦

【ナハフ101】
◎豊富
昭和30（1955）年8月
撮影：竹中泰彦

【オハ31 197】
国鉄から譲り受けた車両で、貫通路
を閉鎖して便所も撤去して使用した。
◎豊富
昭和45（1970）年8月
撮影：荻原俊夫

【オハ31 197の車内】
かつて全国の国鉄を走り回ったオハ31
197の車内。低めのクロスシートは当時
の標準的木造シートで背もたれ部分は
木製。
◎昭和45（1970）年8月
撮影：荻原俊夫

【キ74（手前）とキ124】
ともに国鉄からの払い下げ車両
で、木造のキ74が老朽化したた
め国鉄キ100形（124）を譲り受
けた。◎一坑　昭和45（1970）
年8月　撮影：荻原俊夫

【運賃表】
豊富の駅舎に掲げられた運賃表。
◎豊富　昭和45（1970）年8月
撮影：荻原俊夫

【豊富停車場】
日曹炭礦鉄道の乗降場は国
鉄の駅を出て、少し幌延方
向に歩いた本線上にあった。
◎豊富
昭和30（1955）年8月
撮影：竹中泰彦

茅沼炭化鉱業専用線

　茅沼炭鉱は安政3（1856）年に後の北海道後志支庁茅沼で発見された古い炭鉱で、この章で紹介した戦時体制で開発された炭鉱とは異なる。茅沼炭鉱は当時渡来した欧米の蒸気船の燃料に採用され、その積出港である茅沼港との間約2.8kmのあいだに木製レールのトロッコ道が敷かれて石炭を港に運んだ。しかしこの茅沼港は規模が小さく大きな発展は望めなかったようだ。

　茅沼炭化鉱業の専用線は昭和21（1946）年に発足から岩内線の岩内まで6.3kmが開業しており、客車も有して便乗列車を走らせていた。昭和37（1962）年に途中の堀株川鉄橋が流失、これをきっかけで専用鉄道は廃止された。

茅沼炭化鉱業の機関車

　機関車は3両あった。1号という戦時設計の立山重工業製のCタンク機があったが、ぼく自身見たことも写真に出会ったこともない。

　茅沼炭化鉱業の名を鉄道ファンのあいだに名を知らしめたのは、昭和26（1951）年に国鉄から払い下げを受けた2両の8100形（8111,8119号）の存在であった。

　専用鉄道自体は昭和37（1962）年10月、途中の鉄橋流失により運行中止となり、8100形の2両は同じ8100形を使っていた寿都鉄道に移り、この時に状態が悪かった寿都鉄道の8105,8108号の名跡を継いで、8111,8119の番号は消滅した。

【記念館にあった軽便時代の写真】
こんな軽便鉄道が炭鉱から茅沼港に石炭を運んでいたという。

【8119号機の仕業点検】
国鉄から直接払い下げを受けた。専用鉄道廃線の時、寿都鉄道に転じた。
◎岩内
昭和37（1962）年3月
撮影：杉行夫

【8119号機】
国鉄から直接払い下げを受けた。鉄道廃線の時に寿都鉄道へと転じた。◎岩内　昭和37（1962）年3月　撮影：杉行夫

【8119号機】
戦後、本格的開業に向けて、8111号とともに昭和26（1951）年、国鉄から払い下げを受けた。8100形が入るまでは立山重工製のＣ１タンク機関車がいたというが詳細は不明だ。◎岩内　昭和37（1962）年3月　撮影：杉行夫

【国鉄岩内駅にて】
8119号がセキ6両牽いて到着、国鉄岩内線の二つ目玉の9600形（79616号）が待っている。
◎岩内
昭和37（1962）年3月
撮影：杉行夫

【選炭場にて】
茅沼炭化鉱業専用鉄道には両端駅に転車台が準備されていたので、常に正位で貨車を牽引した。
◎選炭場
昭和37（1962）年3月
撮影：杉行夫

国富鉱業所

　今は無い岩内線の起点、小沢の隣駅国富のはずれで小さな電気機関車に出会った。国富には住友金属鉱山国富鉱業所があり、戦前は銅・鉛などを算出する鉱山として栄えた。戦後は資源枯渇により鉱石の採掘を止めたが北海道内唯一の銅精錬所として昭和48（1973）年まで操業を続けた。

　国富駅からは、200mほどの専用側線があり硫酸タキが並んでいたが2kmほど先にある精錬所までは軌間2ft（610mm）の鉱山軌道が延びていて三菱電機製の鉱山用電気機関車が働いていた。

【作業員を乗せ製錬所に向かう機関車】
番号はないが銘板には昭和14年三菱電機とあり鉱山用6t機関車と思われる。竹さおのようなポールを運転手が手で支えている。◎国富　昭和48（1973）年7月　撮影：小山明

【国富駅構内】
鉱石用の木造鉱車ともう1台の電気機関車、はるか後方に硫酸出荷用のタキが見える。
◎国富
昭和48（1973）年7月
撮影：小山明

2.工場専用線

運輸工業桑園事業所

運輸工業は昭和22（1947）年、国鉄退職者と復員した旧満鉄出資者により発足した車両修理を主体とした工場で、その後、札幌市内にあった同業者と「札幌総合鉄工協同組合」を結成、札幌市電や簡易軌道の機関車、自走客車を手掛け、昭和35（1960）年まで存在した。得意としていた専用線の蒸気機関車の検査業務が減り、国鉄から用地の返却を求められて撤退した。昭和32（1957）年、桑園の駅は今のような高架ではなく、駅前は広場のような感じでその広場の左手に国鉄の敷地を借用した一隅があり、その入り口とおぼしきあたりに、7200形式モーガルが鎮座していた。テンダの側面に「運輸工業株式会社専用車」と大書きされており、入換に使用していると思うのだが、当時工場らしきものとして何棟かの建屋があったものの構内というにはあまりにも狭かった。また敷地の片隅に8850号のキャブがひっくり返っていた。たぶん、奈井江の8850号が定期検査で桑園入りしていたのだろう。

【運輸工業1号】
工場開設の時、雄別鉄道から譲り受けた。北海道炭礦汽船が増備した義経、弁慶の7100形に次ぐアメリカ・ボールドウィン製のモーガルで、1897（明治30）年アメリカ生まれ。国鉄で廃車後、道内の私鉄に払い下げられていたうちの1両、旧番号は7222である。写真の左隅にひっくり返った木造のキャブが気になるのだが。
◎運輸工業構内　昭和29（1954）年8月　撮影：竹中泰彦

【2号機】
雄別炭鉱茂尻専用線から来たコッペルのCタンク、桑園の運輸工業で働いたか仔細はわからない。
◎運輸工業構内　昭和35（1960）年
撮影：小熊米雄（所蔵：宮崎繁幹）

【朝の作業打合せ】
◎運輸工業構内
昭和29（1954）年8月
撮影：竹中泰彦

日本セメント上磯鉄道

国鉄江差線の上磯には大きなセメント工場があり、この夜景は湾を隔てて素晴らしいものだったそうだ。かつて上磯の工場から6kmも離れた採掘所に向かって1067mmの軌間が伸びていた。線路は600Vで電化されており、たくさんの電気機関車を擁した鉱山鉄道であった。

この日の訪問もアポなし、守衛所で突然の来意を告げると案外簡単に機関車のいるところまで案内してくれ、しかもこれから山に向かう列車に添乗まで許された。峩朗採掘所まで6.5km、乗せていただいたのはデッキ付きの9号か10号だった。もう一つ万太郎沢線というのがあった。機関車は

がっしりとしたB型凸電が今も第一線で走り、その後増備したBBタイプも皆健在だったが、鉱石輸送の能力が不足したとかで昭和48（1973）年に峩朗線はベルトコンベアになって廃線となり、万太郎沢線も平成元（1989）年にトラック輸送に切り替わり、このユニークな電気鉄道は姿を消した。

今この辺りで、北海道新幹線の車窓からベルトラインを見つけるのは至難である。しかし、道南いさりび鉄道の車窓からであれば注意すれば見ることができる。それは思ったよりスリムなものだったが、多くの鉱山鉄道がベルトラインにとってかわられた現実を見た思いだった。

【峩朗採掘所】
石灰石の山の下にホッパーの建屋があり、貨車が潜り込む構造である。かなり規模の大な設備であったが、輸送がコンベアに変わった今どき、どんな設備に変わっているか一度覗いてみたいものだ。
◎峩朗採掘所　昭和45（1970）7月　撮影：髙橋慎一郎

【1号機】
大正11（1922）年製。東洋電機が電機気品を担当し、車体は汽車會社が担当した。自重16トンのB形電気機関車で、翌年同型の5号が増備された。電磁吸着ブレーキを装備し勾配区間の運転に配慮していた。連結器は鉱石運搬のトロッコに合わせて連環式連結器を装備している。
◎上磯
昭和44（1969）5月
撮影：髙井薫平

【1号機】
休憩時間に入ったのかパンタを下げて休息中。
◎上磯
昭和45（1970）年7月
撮影：髙橋慎一郎

【3号機】
空車のトロッコを牽引する3号機関車。うしろの線路は国鉄江差線（現道南いさりび鉄道）。
◎上磯
昭和44（1969）5月
撮影：髙井薫平

【3号機】
機器室の上部に取り付けた大き
なベルが目立つ。
◎上磯
昭和45（1970）年7月
撮影：髙橋慎一郎

【3号機】
トロッコを牽引するため連結器
はピンリンク式を併設している。
◎上磯
昭和45（1970）7月
撮影：髙橋慎一郎

【5号機】
1～3号に遅れて2年後に増備
された車両。とくに大きな変化
はない。工場閉鎖後地元の公園
に保存されている。
◎上磯
昭和45（1970）年7月
撮影：髙橋慎一郎

【6号機】
戦前から在籍した唯一のBBタイプで昭和10（1935）年製、電機品は東洋電機と変わらないが、車体、台車などは当時多くの電気機関車を各地の私鉄に供給した日本車輌が担当し、同時期に作られた標準車体になった。連結器は国鉄貨車とも連結できるよう標準型の自動連結器を併設している。
◎上磯
昭和45（1970）7月
撮影：髙橋慎一郎

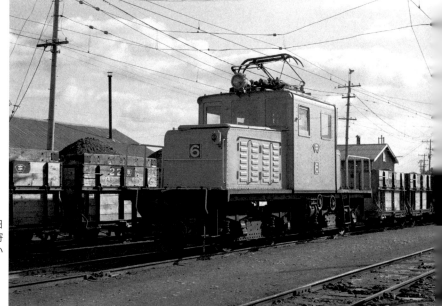

【6号機】
どこかの私鉄で出会いそうな日車の凸型電機。機器室が左に寄り、反対側に手すりが付いている。
◎上磯
昭和44（1969）5月
撮影：髙井薫平

【7号機】
戦後投入された日立製の凸型機関車。6号機よりやや小ぶりになった、同型機が東京王子の日産化学専用線にいたが、今はいない。
◎工業所
昭和45（1970）7月
撮影：髙橋慎一郎

【8号機】
昭和27（1952）年製造で性能的には6号機に近い。これまでの武骨な角張った凸型電気機関車と比べると、角の取れたスマートな外観、南海電気鉄道ED5201と同型機で、ともに貴重な存在。
◎上磯
昭和45（1970）7月
撮影：髙橋慎一郎

【8号機】
ブレーキ装置は自動直通と回生制動を持ち、編成列車に制動が掛けられる。
◎上磯
昭和40（1965）年3月
撮影：大野真一

【6号機と9号機】
空車のヲキを牽引し山に上がってきた9号機と入れ替え中の6号機が顔を合わす。
◎峩朗採掘所
昭和45（1970）7月
撮影：髙橋慎一郎

【9号機】
昭和34(1959),36(1961)年に投入された。デッキ付きの箱型になった。これまで山元から送られてくる原石の輸送は小型のトロッコを繋げておこなってきたが、将来の輸送量増加に対応したものである。大型貨車の導入は昭和42(1967)年から開始され、他社からホッパー貨車を譲り受け対応した。
◎上磯
昭和45(1970)7月
撮影：髙橋慎一郎

【10号機】
最新鋭の10号が新入りのヲキを牽いてやって来た。後ろに見えるガードは国鉄江差線(現・道南いさりび鉄道)
◎上磯
昭和44(1969)年5月
撮影：髙井薫平

【201,202,203号客車】
客車のこの面には出入り台がない。反対側の真ん中あたりに大きな出入り口があった。
◎上磯
昭和44(1969)年5月
撮影：髙井薫平

【201号客車】
従業員の輸送用に自社製の客車を4両保有していた。
◎上磯
昭和45(1970)7月
撮影：髙橋慎一郎

【203号客車】
台車はばねの入った複雑な形で、結構乗り心地はよかったか
もしれない。
◎上磯　昭和45（1970）年7月　撮影：髙橋慎一郎

【204号客車】
出入り口はこの一つだけ、峩朗採掘所まで20 ～ 30分、我慢し
てもらうよりないか。
◎上磯　昭和45（1970）7月　撮影：髙橋慎一郎

【鉱石輸送用に使用されていたトロッコ】
連結器はピンリンク式、車体の裾周りの
パイピングの使い方は聞き漏らした。
◎上磯　昭和45（1970）年7月
撮影：髙橋慎一郎

【形式ヲキ2（24）】
東武鉄道から譲り受けたボギー貨車に
よって輸送体制は飛躍的に向上した。
◎上磯
昭和45（1970）年7月
撮影：髙橋慎一郎

苫小牧港開発

　苫小牧港地区の開発に合わせて作られた臨港鉄道。昭和43（1968）年12月に開通したが、国鉄貨物のコンテナ輸送シフトのあおりで、平成11（1998）年4月に休止、平成14（2001）年に廃止された。

【タンク貨車の入れ替えを行うD5605号機】
国鉄貨物の改編で、最後に残った貨物はタンク貨車の授受であった。◎新苫小牧　昭和63（1988）年9月　撮影：藤岡雄一

【D5605号機】
D5605号は国鉄DD13形と類似する部分は多いが、細部では異なる。D5600形6両は汽車會社と川崎重工で製造された。
◎新苫小牧
昭和63（1988）年9月
撮影：藤岡雄一

新日本製鉄室蘭製鐵所・日本製鋼室蘭工場及び関連会社

　北海道における事業所で構内や製品の搬出に多くの機関車を使用していたが、なかなか我々鉄道愛好者にとって敷居が高く、これをご紹介することは多分に難儀で、別の機会を待ちたい。本書では通りすがり車窓から見分できたものをご紹介するにとどめた。

【富士製鉄　輪西】
サイドタンクに「安全第一」と右書きで大書されているが、詳細は不明。栗林商会という会社の管理か。
◎昭和34（1959）年7月
撮影：（宮崎繁幹蔵）

【富士製鉄（新日本製鐵）
室蘭製鉄所専用線】
◎輪西　昭和35（1960）年3月
撮影：髙井薫平

【1号機】
イギリス・ダブス社製の機関車。データ不足で詳細不明の機関車である。後に大改番が行われている。
◎室蘭
昭和27（1952）年8月
撮影：川上幸義（所蔵：宮崎繁幹）

北日本製紙江別工場専用線

戦後軍事産業から転換した製紙会社でクラフト紙の生産を得意としたが昭和45（1970）年の企業統合の結果、王子製紙の一員になった。工場は江別市の石狩川添いにあり約4kmの専用線が出ており、2両の小型蒸気機関車が在籍したが、昭和37（1962）年にディーゼル機関車が導入されて蒸気機関車は引退した。また国鉄の貨物輸送の近代化のあおりで、昭和61（1986）年に専用線は廃止された。

【NO. 2】
ドイツ・コッペル製、大正11（1922）年生まれの標準型機関車。煙突には1号に比べ小ぶりな火の粉止めが付いている。
◎江別
昭和34（1959）年7月
撮影：若尾侑

【国鉄線から貨車を引き継ぐ】
チキには丸太が積まれている。どこかの森林鉄道から引き継いだ丸太を専用線の古典ロコが受け取った。
◎江別
昭和34（1959）年7月
撮影：若尾侑

【NO. 1】
明治20（1887）年イギリス・ナスミスウィルソン製の古典機関車。、国鉄1113号であるが、定山渓鉄道に払い下げられたのち、北日本製紙に転じた。大きな煙突の火の粉止めが特徴であった。
◎江別
昭和34（1959）年7月
撮影：若尾侑

日本甜菜製糖専用線

甜菜糖というのは砂糖大根（ビーツ）をより生成される砂糖の一種で、サトウキビから生まれる一般の砂糖に比べ、あっさりした食感で北海道の特産品の一つともいえる。いくつかの製糖工場が作られたが、日本甜菜製糖は歴史も古く帯広を中心にいくつかの工場があり、その中で十勝清水、帯広、磯分内、美幌の各工場には国鉄駅から側線が出ており、製品搬出のためにユニークな蒸気機関車が使用されていた。

帯広製精糖所

帯広市の郊外にあり国鉄帯広駅から出ていた十勝鉄道と工場前まで4線区間が伸びていた。昭和34（1959）年に軽便鉄道としての十勝鉄道が廃止されたのちも工場までの区間（昭和52年に廃止）は残っていた。

機関車は第1巻でご紹介したコッペルのCタンク機とアメリカ製B6がいた。この地の訪問は昭和33（1958）年夏だったが、十勝鉄道の軽便車両に目を奪われ、新鋭のDD201号を遠くに眺めたのが最初で最後だった。昭和34（1959）年、十勝鉄道廃止後は日本甜菜製糖の専用線だけが残って、その後国鉄からDE10形やDE15形を集めて平成24（2012）年まで運行された。製糖所の跡地は総合研究所、記念館になったと聞いた。

十勝清水工場

コッペルが活躍したが、ぼくは立ち寄っていない。今となっては当時の情報収集の甘さが悔やまれる。製品を国鉄線まで運ぶのが主業務だったが、国鉄が昭和61（1986）年11月に車扱いの貨物営業を廃止したのを機に廃止になった。日本甜菜製糖十勝清水工場や帯広工場は十勝鉄道との関係が深かったようだ。車両の工場間の移動も活発であり、東京からの旅行者にとってまとめにくい工場であった。

【NO. 1】
大正10（1921）年、ドイツ・コッペル社製のCタンク機関車、かつて帯広市の北西部に路線を持った河西鉄道の機関車で、河西鉄道廃止後線路のつながっていた日本甜菜製糖十勝工場の所属になった。
◎工場内
昭和38（1963）年8月
撮影：宮田寛之

【NO. 2】
No.1と同様に元河西鉄道の車両といわれるが、河西鉄道は元々762㎜の軽便鉄道であり、1067㎜軌間用のこの機関車については調査不足である。
◎工場内
昭和38（1963）年8月
撮影：宮田寛之

【DBB01号機】
日立製のロッド式BB、35t凸型ディーゼル機関車。名寄の北陽製紙（日通名寄）から移ってきた。
◎昭和39（1964）年2月　撮影：村松功

美幌工場

　最初の北海道旅行のとき、夜行列車で目覚めた朝、車窓にB6形がみえた。この日は同行者の意向もあり観光に充てていたのでスナップ1枚だけ、確か2653号、アメリカ生まれのB6形だったが何処の何か、分からずじまいだった。

　その数年後の昭和35（1960）年3月に、夕暮れ時に再び美幌を訪れた。今回は下調べはしていたものの、先方にアポなし、しかも終業間近い機関区に線路伝いで訪問した。庫の中には仕業を終えた7270号がいた。そして奇跡が起きる。まだ蒸気圧が残っているから庫の外に出してくれるというのだ。

　およそ15分の対面、長い鉄道巡り、ずい分多くの現場の方々にご厄介になったが、この時の感動は今も忘れられず、札幌行夜行に乗り込んだ。

【2653号機】
十勝鉄道が国鉄より昭和27（1952）年に譲り受けたアメリカ・ボールドウィン製の50tC1タンク機関車で、いわゆるアメBといわれるもの。昭和33（1958）年に転入した。
◎美幌工場
昭和35（1960）年3月
撮影：高井薫平

【7271号機】
交通不便な磯分内から美幌に移ってきたのは幸運だった。しかもこの年の夏の機関車は廃車になったと聞いた。
◎美幌　昭和35（1960）年3月　撮影：髙井薫平

【7271号機】
今では考えられないことだが、列車を降りてホームから直接7271号機のいる機関庫に向かった。幸運にも機関車を表に出していただき、時間が無くなったので、同じ道を通ってホームに戻った。7271号機はまだ庫外に居り、この後静かに庫に戻った。
◎美幌　昭和35（1960）年3月　撮影：髙井薫平

日本甜菜製糖 士別工場

日本甜菜製糖（磯分内、美幌）
磯分内工場専用線

国鉄釧網本線の磯分内から1.9ｋｍの側線が出て いた。磯分内工場は昭和45（1970）年に閉鎖されて いる。先日ここを通る機会があったが、すでにき れいに整理され、その痕跡は見つけられなかった。 ここに3両のアメリカ生まれが活躍していた。

【1号機】
磯分内にいた謎の機関車、もともとは帯広工場にいた小型機関車だが、正体不明で、いつしかランケンハイマー製といわれた。
ただいろいろの趣味の先輩に聞いてみると、ランケンハイマーという機関車メーカーは存在せず、届け出書類作成の時たまた
ま機関車に関係ないような部品に付けられた名称を使ったという。おそらくあまり撮影された方はいないようだが、不釣り合
いな大きなキャブはあとで造られたと思われる謎の機関車である。
◎昭和31（1956）年8月　撮影：齋藤晃

7270,7271号機

北海道官設鉄道が明治33（1900）年にアメリカ・ブルックス社の軸配置1Cのテンダ機関車を4両輸入した。ほかに汽車會社で2両が作られた。国鉄で用途廃止後、2両が磯分内で貨車の入れ替えに従事していた。弁慶号7100形以来のモーガルタイプだが、明治33（1900年）製となると、近代的なスタイルに変化しており、現役時代は道内各地で活躍したのち、昭和10（1935）年に日本甜菜製糖の前身北海道製糖に2両が払い下げられた。

【釧網本線磯分内駅における7271号機】
専用線の機関車が堂々と国鉄線路上にいる。
◎磯分内　昭和29（1954）年8月　撮影：竹中泰彦

【ブルックス銘板】
◎磯分内　昭和29（1954）年8月
撮影：竹中泰彦

【7271号機のサイドビュー】◎磯分内　昭和29（1954）年8月　撮影：竹中泰彦

【工場に戻る社員を乗せて】
◎磯分内
昭和29（1954）年8月
撮影：竹中泰彦

【工場へ向けて出発】
推進運転で貨車を向上
に押し込んでいく。右
手の線路は国鉄釧網線。
◎磯分内
昭和29（1954）年8月
撮影：竹中泰彦

3.森林鉄道、客土事業、河川改修事業
北海道の森林鉄道の概念

佐竹雅之

はじめに

　森林鉄道とは、その名の通り山で伐採された木材を麓の街あるいは貯木場などに輸送をする専用鉄道の総称であり、かつては全国に夥しい数の森林鉄道が敷設されていた。しかし、意外なことに森林鉄道により木材輸送が始まるのは、全国でも明治30年代に入ってからである。ちょうどこの辺りから国内の木材需要が飛躍的に高まり、近世以前からの輸送方法では追い付かなくなってきたためである。また木材の販売方法にも変化が生じた。これまでは、「立木販売」が中心であったので、購入者が自ら伐採・運搬を行っていたため、近世以前の河を下らせるような輸送方法でも問題なかったのだが、この時期から「官行斫伐」という国有林の樹木を官が自ら伐採・輸送・販売する方式が始まり、これに応ずる形で鉄道による木材輸送、すなわち森林鉄道が敷設されるようになった。北海道の国有林の場合は、こうした動きが大正6（1917）年より始まった。

道内初の森林鉄道（民間）

　本書では触れていないが、国有林の森林鉄道に先立ち、道内の森林鉄道は民間企業から始まった。苫小牧への進出を決めた王子製紙が、工場用の電力を賄うために水力発電所を千歳川上流に建設することとなったのだが、その建設物資輸送のため軌間762mmの馬車軌道を敷設した。その後間もなく蒸気機関車が走るようになり、王子軽便鉄道と呼ばれるようになった。王子軽便鉄道は発電所建設資材輸送だけでなく、王子製紙が特売を受けた沿線の支笏湖畔の御料林から製紙原料となる木材輸送も開始された。したがって、王子軽便鉄道を森林鉄道とするのは議論があるかと思うが、この鉄道が北海道で初めて本格的に伐採した木材を輸送したことは事実である。明治41（1908）年のことだ。なお王子軽便鉄道は大正11（1922）年からは沿線住民の利用を認め、旅客営業も始まり、それは沿線道路が整備されて王子軽便鉄道が廃止される昭和26（1951）年まで続いた。

道内初の森林鉄道（国有林）

　王子軽便鉄道が開業したころ、遅ればせながら道内の国有林における森林鉄道の計画もこの頃から動き始める。明治43（1910）年から始まった「北海道第一次拓殖計画」は、日露戦争勝利により更に加速された近代化に必要な食糧および物資の供給地として、また新たな領土となった南樺太の開発のための供給地として北海道を位置付ける方針が策定された。特に樺太は、首都のサンクトペテルブルクから最も遠い地域であることもあり、幕府時代に締結した樺太千島交換条約によりロシア領となったあとも開発は殆どなされず、またすぐに使える農地等も無かったために北海道から樺太開発に必要な食糧や物資を送り届ける必要があったのだ。すなわち、道内の国有林に対しても官行斫伐が開始されたのだ。

　こうした背景のもと、大正10（1921）年に道内の国有林としては初めての森林鉄道が開業した。温根湯森林鉄道と置戸森林鉄道である。温根湯森林鉄道は、湧別線（現・石北本線）の留辺蘂駅近傍の貯木場を起点に、置戸森林鉄道は、網走線（後の北海道ちほく高原鉄道、現廃止）の置戸駅近傍の貯木場を基点としたものである。道内には他にも有望な国有林が多く存在したが、この2か所が選択されたのは、官行斫伐が北見地方から始まったことと、当時の国鉄線開業状況が大きく関係する。道内最大都市札幌と北見地方は、先行して根室本線と池田から分かれ野付牛（現・北見）までを結ぶ網走線が先行して開業しており、現在の石北本線はまだ遠軽～野付牛～網走の区間しか開業していない。したがって、森林鉄道を敷設するのも国鉄線開業区間に接続するものが優先されたというわけである。

　なお戦後はすべて私有林を除いた森林は国有林として林野庁が一元管理をしているが、戦前は農林省山林局、宮内省帝室林野局、内務省北海道庁と別れていた。本書は林業の書ではないので詳細は記さないが、本稿でいう「国有林」とは帝室林野局を除いた森林と捉えて欲しい。帝室林野局につい

ても昭和に入ってから森林鉄道の敷設が広がって
いった。

道内の森林鉄道の特徴

　ここで道内の森林鉄道の特徴について述べる。
ひとつが、重軌道であること。もう一つは営業距離
が長いことで、これは互いに独立しない要素であ
る。本州以南の森林鉄道は、開業時には非動力で、
木材を積載したトロッコのような台車に作業員が
跨ってブレーキを掛けながら山を下る、という現
代から考えれば危険極まりないような運行をして
いた軌道から始まったところが少なくない。そのた
め、軌道は貧弱で急曲線である一方、坂を下る惰行
だけで走り切れる程度の距離しかない場合が多い。
これに対して北海道の森林鉄道は、当初から動力
を利用することを前提としていた。なぜなら北海道
は貯木場のある場所から、国有林のある場所までの
距離が長く、トロッコの惰行では輸送しきれないの
だ。そのため、軌道は丈夫で急曲線も少ない。それ
ゆえ、道内の森林鉄道に導入された機関車の中に
は、他地域の森林鉄道よりも重量のあるものが見受
けられる。例えば、米国ボールドウィン社製リアタ
ンク 10t蒸気機関車や鉄道省釧路工場製 12t機関
車などだ。10tを越える機関車が見られるのは、北
海道以外では津軽森林鉄道くらいである。後述す
る温根湯森林鉄道の15tディーゼル機関車は、この
重軌道があってこそ実現したものである。

短い栄光とその廃止

　温根湯森林鉄道と置戸森林鉄道を皮切りに多く
の森林鉄道が道内にも広がり始めた。ただ北海道
は広いため、森林鉄道が直接搬出港まで乗り入れ
る例は少なく、多くは鉄道線へと連絡した。しかし
まだ鉄道線も予定線が全部開通していなかったた
め、その開業に合わせて森林鉄道が伸びていき、戦
後の昭和25（1950）年までに全土で敷設距離が1300
kmを越える規模になった。この頃が道内の森林鉄
道の最盛期といえよう。しかし、栄光の時期は短
かった。昭和29（1954）年9月に台風15号が北海道
に直撃した。

　別名、洞爺丸台風とも呼ばれ、青函連絡船は洞
爺丸以下5隻が沈没および損傷し、岩内では大火
により街は丸焼けとなった。観測史上第二位の死
者1500人以上を出した甚大な台風であったが、上
記の被害から分かるようにこの台風は風が凄まじ

かった。そのため道内では広範囲にわたって倒木
被害が発生した。当然これらを森林鉄道によって
搬出することになるのだが、何しろその倒木数が
多すぎで鉄道だけでは到底運びきれなかった。ま
た、倒木というのはそのまま放置をすると腐蝕し
て、健全な他の樹木にも悪影響を与えるために迅
速にこれを取り除かねばならない。そこで取り入
れられたのが、当時発展途上だったトラックによ
る搬出を併用することになった。トラックを通す
ためには道路を作らねばならないので、もちろん
これも建設する。しかしいざ作ってしまうと、そ
の利便性の高さに気づいてしまい、結局これを機
に道内の森林鉄道は急速にトラック輸送に置き換
わっていくことになった。昭和30年代のうちにそ
の殆どが廃止となり、残った線区も昭和43（1968）

年の定山渓森林鉄道を最後にすべて廃止された。森林鉄道のトラック輸送化というのは全国的な動きであったが、本州以南の森林鉄道が、遅いところでは昭和50（1975）年まで残ったことを考えると北海道の場合はそれが台風被害の復旧というイレギュラーな出来事により、その命脈が尽きるのが早まったという評価となるだろう。

道内の森林鉄道の痕跡

　道内の森林鉄道はすべて姿を消してしまい、その痕跡も原野に戻ってしまったところも多い。中には森林鉄道が起点としていた駅や、鉄路自体が廃止になってしまったところも少なくないが、そんな中かつての道内の森林鉄道を思い起こさせてくれるのが、遠軽町にある「丸瀬布森林公園いこいの森」にある雨宮21号蒸気機関車だ。実際に丸瀬布駅を起点としていた武利森林鉄道で走っていた蒸気機関車で、「丸瀬布森林公園いこいの森」もかつての武利森林鉄道の軌道跡にある施設である。この８の字エンドレスの軌道２km余りを周回しており、その貴重性から北海道遺産にも指定されている。全国的に見ても森林鉄道の蒸気機関車の動態保存というのは極めて珍しく、その雄姿を求めて今も多くの観光客が訪れている。

【芦別森林鉄道東西橋を渡る】絵葉書より　◎所蔵：奥山道紀

置戸森林鉄道

名称：置戸森林鉄道　　所轄：北見営林局置戸営林署（旧・内務省北海道庁）
距離：幹線7.8km、土居常呂線11.9km、仁居常呂線11.2kmほか
開業：大正10（1921）年　　廃止：昭和36（1961）年

　北海道の国有林初の森林鉄道として大正10（1921）年に開業した。起点は網走線（後の北海道ちほく高原鉄道、現廃止）の置戸駅に隣接した貯木場で、当初開業したのはここから常呂川に沿っての幹線7.8kmである。その後常呂川に沿った土居常呂支線11.9kmおよびこれに合流する仁居常呂川に沿った仁居常呂支線11.2kmが開業して、それぞれの支線から更に奥地へ軌道が伸びていった結果、最盛期には70km以上の営業距離となった。開業時期が同じ温根湯森林鉄道と車両も揃っており、開業時に投入されたのはアメリカボールドウィン製の10t級B1リアタンク機でこれが2両あった。温根湯森林鉄道と同様に昭和16（1941）年前後には4両の鉄道省釧路工場製の12t機が導入されている（うち1両は、足寄森林鉄道へ譲渡）。このように機関車の種類が温根湯森林鉄道と揃っていること、また互いに近い場所であったことから、両森林鉄道は行き来があったようで、例えば大規模な機関車の修理は温根湯森林鉄道に運んで行っていたという。また、石炭ではなくて薪を燃料として使用するため、機関車の煙突が特徴的な風船型をしているが、これがカボチャに見えるため沿線では「カボチャ汽車」として親しまれた。「カボチャ汽車」は木材だけでなく近郊に入植した住民を輸送することもあり、農繁期にはビート輸送に用いられた。

　戦後はディーゼル機関車も導入され、昭和29（1954）年の台風による倒木輸送に尽力し、昭和36（1961）年に廃止となった。特徴的な「カボチャ汽車」は、幸いなことに群馬県沼田市にある林野庁林業機械化センターに保存されている。

【置戸の3号機】
カボチャ型の煙突を付けボールドウイン社製のリアタンク、この写真は多くの森林鉄道の表紙を飾る著名なものであるがあえて掲載した。
◎撮影：小熊米雄

定山渓森林鉄道

名称：定山渓森林鉄道　**所轄**：札幌営林局定山渓営林署(旧・帝室林野局)
距離：定山渓～定山渓事業区14.0km　右股支線8.4km
開業：昭和16(1941)年　**廃止**：昭和43(1968)年

　国有林における官行斫伐事業が大正末期から始まったのに対して、御料林に対しても遅ればせながら昭和初期から始まった。「札幌の奥座敷」と言われる定山渓には、札幌市内から定山渓鉄道が大正7(1918)年に開通をしていた。温泉の湯治客の輸送だけでなく、沿線の鉱山や木材輸送も目的としていたが、定山渓付近の御料林は狭隘な渓谷を筏等で流す必要があり輸送の近代化が求められていた。そこで、昭和16(1941)年に定山渓鉄道の定山渓駅の貯木場を起点に豊平川に沿って南へ14kmの森林鉄道が敷設された。導入されたのは、中山機械製のBサイドタンク6t機が2両であったが、ほどなく戦時中の機関車交換のために1両は同じ帝室林野局の芦別森林鉄道へと移った。一方で芦別森林鉄道からは楠木機械製作所製のBサイドタンク8t機が、交換対象の機関車として入線し、戦後には主夕張線から日本車輌製のBサイド・ボトム

タンク8t機と下夕張線から東亜車輌製のBサイドタンク7t機が入線した。

　戦後の昭和23(1948)年からは、二股から分岐する右股支線の延伸工事が開始し昭和29(1954)年までに延伸が完了した。ちょうどこの頃にディーゼル機関車にバトンタッチをし、動力の近代化も完了した。多くの道内の森林鉄道は同年に襲来した台風による倒木輸送をきっかけとしたトラック輸送化の開始に伴い、昭和30年代には殆ど姿を消してしまったが、定山渓森林鉄道は峡谷を縫うように走るため代替道路の建設が困難という理由で例外的に生き延びていた。しかし、昭和42(1967)年に豊平峡ダムが建設されることになり路線の一部がダム湖となる定山渓湖に水没することとなり、昭和43(1968)年限りで廃止となった。これで最大で1400km近くもあった北海道の森林鉄道はすべて過去のものとなった。

【運材台車の引き上げ】
定山渓鉄道の終点から先に進むと広いヤードがあり、線路に沿って歩いて行ったら後ろからゴロゴロと音がしてディーゼル機関車が牽く運材列車が追い抜いて行った。◎定山渓　昭和31(1956)年10月　撮影：髙井薫平

【21号機】
日本車輌 製のB型タンク
機関車。
◎定山渓機関庫
昭和31(1956)年10月
撮影：髙井薫平

【22号機】
昭和8(1933)年、楠
木機械製作所製の8ト
ンB形タンク機関車。
すでにディーゼル機関
車の投入で休車になっ
ていた。
◎定山渓機関庫
昭和31(1956)年10月
撮影：髙井薫平

【111号機と100号機】
新鋭ボギー車の投入で
すっかり出番の減った酒
井工作所製8トン、L型
ディーゼル機関車。
◎定山渓機関庫
昭和31(1956)年10月
撮影：髙井薫平

【2号機】
右の側線に押し込まれた客車には「山
火事から守れ」の文字が見える。
◎豊平峡
昭和32(1957)年6月
撮影：星良助

【作業員輸送に使用された客車】
◎豊平峡　昭和32（1957）年6月
撮影：星良助

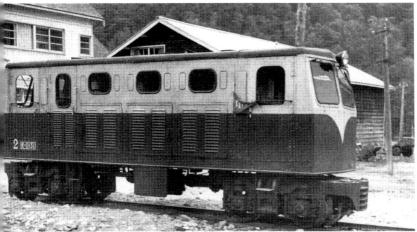

【2号ディーゼル機関車】
昭和29（1954）年、酒井工作所製の
8トン機。老朽化した蒸気機関車
に変わって森林鉄道に投入された
のは急曲線通過に対応したボギー
式のDLで関係各社の競作になっ
た。本機の自重は一番小さなクラ
スだった。
◎定山渓機関庫
昭和32（1957）年6月
撮影：星良助

芦別森林鉄道

名称：芦別森林鉄道　**所轄**：札幌営林局上芦別営林署（旧・帝室林野局）
距離：幹線31.2km、咲別支線8.0km、幌子支線10.0kmほか
開業：昭和7（1932）年　廃止：昭和37（1962）年

　根室本線の上芦別駅近傍の貯木場から芦別川の東岸に沿って昭和7（1932）年から営業が始まり、奥芦別までの31kmの幹線が昭和9（1934）年に全線開業した。

　ここの森林鉄道の機関車は出入りがとても激しく、開業から蒸機廃止までずっと在籍した機関車が殆どいない。紙面の都合ですべて紹介することはできないので、主だったものを抜粋する。開業時に導入されたのは日立製作所製のBサイドタンク8t機だった。すぐに大阪の楠木機械製作所製で、ほぼ同型機が昭和8（1933）年に増備された。昭和12（1937）年には中山機械製のBサイドタンク8t機も増備されたが、戦時中の昭和18（1943）年にこれらはすべて道内の他の御料林の森林鉄道へ譲渡された。これと入れ替わるようにやってきたのが、国鉄釧路工場製のB1リアタンク12t機と中山機械のBサイド12t機。戦時中限定でコッペルもやって来た。特徴的な転入機は、英国バグナル製のインバー

テッド（逆式）Bサドルタンク7.5t機で、出自は遠く離れた九州の松浦炭鉱専用鉄道という。小倉工場でスクラップ同然に放置されていた同機を、戦時中の機関車不足のために釧路工場で大改造の上で投入。さらに戦後の昭和22（1947）年に、タンクからの水漏れ対策として、なんと炭水車を増結して軸配置B-2となった。ちなみに全国の森林鉄道の中で、これが唯一の英国製の蒸気機関車である。松浦時代、愛称を「ベアトリス」といい、趣味の世界では有名な小型機だった。

　終戦後間もなく、森林鉄道のすぐ隣を頼城まで三井芦別鉄道が開業した。森林鉄道の沿線にも小さな炭鉱があったことから、三井鉱山が借用する形で森林鉄道でも石炭輸送が昭和26（1951）年から始まった。ディーゼル機関車が導入されたのは昭和35（1960）年と遅く、間もなく森林鉄道自体が廃業となった。

【上芦別の貯木場に入る29号が牽く運材列車】◎上芦別　昭和29（1954）年6月　撮影：竹中泰彦

【東西橋を渡る】
場所・車両とも不詳。機関車の後ろに客車が連結されているのが見える。◎絵葉書　所蔵：奥山道紀

【B31】
丸い火の粉止めを装着した煙突が森林鉄道の機関車らしく見せている。原形はアメリカボールドウィン製だが、これをスケッチした国鉄釧路工場製。
◎上芦別　昭和29（1954）年6月
撮影：竹中泰彦

【B31の後姿】
◎上芦別　昭和29（1954）年6月　撮影：竹中泰彦

【B31】
倉庫のような木造の車庫に入って休息をとる。◎上芦別　昭和29（1954）年6月　撮影：竹中泰彦

【温根湯森林鉄道2号】
アメリカ・日本の森林鉄道に向けてボールドウイン社が製造した軸配置B1のリアタンク機関車、木曽森林鉄道のものが有名だが、北海道のものはこの2号機のように、密閉式キャブに改造されたものが多い。
◎留辺蘂　昭和34（1959）年8月　撮影：若尾侑

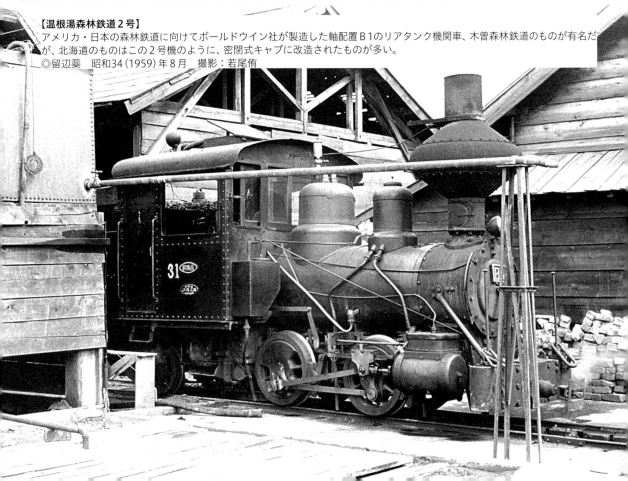

【C 29が牽く運材列車貯木場到着】
C29は昭和21年立山重工製の10トン機だ。◎上芦別　昭和29（1954）年6月　撮影：竹中泰彦

【B 18】
◎上芦別
昭和29（1954）年6月
撮影：竹中泰彦

【11号】
中山機械製の小さな機関車、自
重6トンである。
◎上芦別
昭和29（1954）年6月
撮影：竹中泰彦

【19号】
蒸気機関車に代わる新しい動力として、ディーゼル機関車が増備された。森林鉄道のディーゼル機関車は昔からのL型タイプの10トン以下が主流であったが、昭和32（1957）年ごろからエンジンを車体中央に置いたボギー式の箱型のBBタイプが製造され、急カーブ通過に適し、運転台の居住性も良くなった。この写真を見ると運んでいるのは材木ではなく、石炭のように見える。
◎頼城
昭和33（1958）年2月
撮影：星良助

【C28号機の牽く運材列車】
戦時設計ともいえる立山重工業製の10トン機関車、角形のドームと火の粉止めがアンバランスだ。
◎芦別
昭和27（1952）年頃
撮影：小熊米雄（所蔵：宮崎繁幹）

【DL（車両番号不詳）が牽く運材列車】
◎芦別近く
昭和34（1959）年8月
撮影：若尾侑

【その名も「ベアトリス」】
九州の佐世保鉄道に買収された松浦炭鉱で使用したイギリス・バグナル社製の小さな機関車、戦後廃車になっていたものを九州からはるばる釧路工場に運び復活させた。最初はサドルタンク式だったが、水漏れがひどくなり、新たにテンダを作って対応した。「BEATRICE」は輸入されたときから車体に付いていたプレートの表記で、もう1両は「AUGUSTA」といった。
◎上芦別　昭和30年ごろ　撮影：小熊米雄（所蔵：宮田寛之）

【珍しい稼働中の17号】
側面は17、煙室扉の銘板にはＢ17とある。◎芦別　昭和30（1955）年頃　撮影：小熊米雄（所蔵：宮崎繁幹）

温根湯森林鉄道

名称：温根湯森林鉄道　所轄：北見営林局留辺蘂営林署（旧内務省北海道庁）
距離：幹線52.8kmほか
開業：大正10（1921）年　廃止：昭和35（1960）年

　北海道の国有林初の森林鉄道として大正10（1921）年に開業した。起点は湧別線（現・石北本線）の留辺蘂駅に隣接した貯木場で、当初開業したのは後に幹線となる無加川に沿った17.3kmと、その支線6.6kmである。上流に向かうと無加川はいくつにも分かれていくのだが、これらにもそれぞれ軌道が伸びていき、最盛期には70km以上もの営業距離となっていた。開業時に投入されたのはアメリカボールドウィン製の10t級B1リアタンク機で、明治40（1907）年に開業したわが国初の本格的な森林鉄道である津軽森林鉄道での実績を買われたためと言われる。また同型機は、その後も木曽森林鉄道を始め広く使用されたため、日本の森林鉄道の標準機関車のひとつともいえる。

　昭和16（1941）年前後には、来る総力戦の時代に備えて森林鉄道でも輸送力増強が図られて鉄道省釧路工場製の12t機が3両仲間入りを果たした。戦後の昭和26（1951）年よりディーゼル機関車の導入も始まったが、昭和29（1954）年には森林鉄道最大の15t級の協三工業製の2軸ボギー式ディーゼル機関車も導入された。これは同年の台風15号（別名、洞爺丸台風）により多くの倒木被害を被ったためである。通常は営林局の局境を越えて森林鉄道が敷設されることはないのだが、この非常事態に対応するため、幹線の終端部からさらに近隣の旭川営林局上川営林署所轄の層雲峡森林鉄道の範囲まで温根湯森林鉄道が軌道を伸ばすことになった。ところがこの局境には旭北峠があり、層雲峡側からは木材を満載した運材台車を引き上げるために強力な機関車が必要になったのだ。（通常の森林鉄道は、山から木材を下す方向に線路を伸ばすので、坂を上る際の運材台車は空車）昭和32（1957）年に旭北峠を通る国道39号が全通したことでこの道路を使ったトラック輸送に徐々に切り替えられていき、昭和35（1960）年で廃止となった。

【2号】
アメリカ・ボールドウイン社が森林鉄道用に日本に輸出したリアタンク機関車、北海道のほか木曽森林鉄道でも主力として活躍し、これをスケッチした国産機も少なくない。◎留辺蘂機関庫　昭和34（1959）年8月　撮影：若尾侑

【新車がやって来た】
国鉄の貨物列車のチキに載って
到着した新鋭機関車、歴史のあ
るＬ型産業用内燃機関車の近代
版である。道内あちこちの森林
鉄道に投入されたものと思われ
る。
◎留辺蘂
昭和34（1959）年8月
撮影：若尾侑

【客車】
伐採地に片道1時間もかるよう
な路線には作業員のために客車
が用意されていた。
◎留辺蘂
昭和34（1959）年8月
撮影：若尾侑

【巡回車出発】
営林署関係者を載せて巡回車が
出発する。伐採現場との連絡な
ど当時の森林鉄道での多くの連
絡手段だった時代。
◎留辺蘂
昭和34（1959）年8月
撮影：若尾侑

足寄森林鉄道

所轄：帯広営林局足寄営林署（旧・内務省北海道庁）
距離：幹線45.9km、稲牛支線13.3kmほか
開業：大正11（1922）年　廃止：昭和35（1960）年

道内で三番目の森林鉄道として、国鉄網走線（後の北海道ちほく高原鉄道、現廃止）の足寄駅近傍の貯木場を起点として、大正11（1922）年に開業した。温根湯、置戸の両森林鉄道とは異なり、導入された蒸気機関車はドイツ・コッペル製のCサイド・ボトムタンク10t車で、これが3両だった。路線は足寄駅から北東の方へ、足寄川に沿って敷設されていた。幹線の敷設が完了したのち、稲牛川に沿った稲牛支線が開通し、この2線を幹に複数の支線が伸びていき、最盛期には70km以上の規模となった。特徴的なのが幹線で、足寄川の両岸はすぐ近くまで山が迫っているためその狭隘な区間を何度も橋梁で渡っていた。

本来の使命の範囲を超えて、沿線住民の必要物資や沿線住民の便乗を認めていた時代もあった。また足寄で産出されるクルミは、特に硬さが評価されてその多くは陸軍が買い付けていたという。主な使用用途は銃床で、あの三八式歩兵銃にも使われているというから、近代の足寄の発展に寄与するだけでなく近代の日本全体にも寄与をしていたとも言えよう。

戦時中の昭和17（1942）年に、木材増産を目的に鉄道省釧路工場製の12t車が2両（うち1両は置戸森林鉄道から譲渡）に、戦後昭和23（1948）年にはさらに立山重工業製のC10t車が3両増備された。因みにこの立山重工業製の機関車は、軸配置Cのサイドタンク機で、同社製の国鉄B20をそのまま小さくしたようなスタイルだった。動力の近代化にも積極的で昭和25（1950）年にはディーゼル機関車を導入し、昭和31（1956）年には蒸機を全廃したが、木材輸送のトラック化の大きな波の中で昭和35（1960）年に廃止となった。

余談だが、国鉄白糠線が足寄に延伸した際には、ちょうど足寄森林鉄道幹線をなぞるように足寄川に沿って、螺湾まで走る計画だったが、こちらも国鉄改革の嵐の中に幻となってしまった。今では足寄川に森林鉄道の橋梁跡が所々に残っている。

主夕張森林鉄道

所轄：札幌営林局大夕張営林署（旧・帝室林野局）
距離：主夕張線19.8km　下夕張線46.7km　夕張岳線22.9km ほか
開業：昭和9（1934）年　廃止：昭和41（1966）年

夕張川沿いにあった御料林に敷設された森林鉄道である。もともとこのあたりは山深く、国鉄線へのアクセスが難しかったが、昭和4（1929）年に三菱大夕張鉄道が国鉄夕張線の清水沢から延伸し、その終点である大夕張炭山に接続する形で開業した。大夕張炭山の貯木場からシューパロ川に沿って北上し熊曳沢までの7.9kmが当初区間でその後何度かの延伸を繰り返して、昭和32（1957）年に二股沢まで到達した。これが主夕張鉄道である。導入されたのは、日本車輌製のBサイド・ボトムタンク8t機だった。昭和12（1936）年に日立製作所製のBサイドタンク8.5t機が増備された。

昭和14（1939）年には、三菱大夕張鉄道の南大夕張駅近傍に貯木場を設け、ここからパンケモユーパロ川に沿って東の方向へ新たな路線16.8kmが昭和17（1942）年に開業した。これが下夕張線で、こちらも何度か延伸が繰り返されて昭和36（1961）年に全通した。導入されたのは中山機械製のBサイドタンク8t機だった。

戦時中の木材資源の増産計画の中で、この森林鉄道は大きな動きがあった。まず、三菱大夕張鉄道の遠幌駅からは、遠幌加別川に沿って北上する8.5kmの路線が昭和15（1940）年に開業したが、こちらは資材供出のために昭和19（1944）年に廃止となり、僅か3年余りの営業だった。次に下夕張線では大夕張ダム付近で分岐する夕張岳線が昭和19（1944）年も開業している。機関車の増備もあり、主なところだと主夕張線には幾春別森林鉄道からは日立製作所製の、芦別森林鉄道からは日本車輌製のBサイドタンク8t機がそれぞれ入線した。また下夕張線には東亜車輌製の7t機2両が昭和18（1943）年に入線している。

戦後は、昭和25年頃よりディーゼル機関車が導入され始め、最大で17両もの機関車が3つの路線で活躍した。また夕張岳線では本業の木材輸送以外にも、夕張岳登山客の便乗も認めていた。しかし

木材輸送のトラック化の波が押し寄せ、まず主夕張線が昭和36 (1961) 年に廃止となり、下夕張線も昭和41 (1966) 年までにはすべて廃止となった。夕張岳線がパンケシューパロ湖を越えていた三弦トラス橋は廃止後も残されたが、ダム湖のシューパロ湖により水没。今では渇水期などわずかな期間にその独特な姿を現すことがある。

【運材車を牽引する酒井製作所製
5トンボギー式機関車】
◎昭和40 (1965) 年頃
撮影：髙橋勇次 (所蔵：奥山道紀)

【10号】
昭和27 (1952) 年に福島の協三工業で製造された当時の標準型機関車。
◎大夕張炭山
昭和35 (1960) 年6月
撮影：星良助

【三弦橋】
シューパロ湖は平成27（2015）年に完成したわが国第二という大きなダム湖で、湖底には沿線に存在した炭砿や森林鉄道の遺構が残っている。三弦橋はダムによって水没する区間の補償として昭和33（1958）年に完成した珍しい三弦橋であるが、昭和38（1963）年に森林鉄道が廃止され、ダムの完成により渇水期以外その姿を見ることはできない。
◎昭和37（1962）年頃　所蔵：奥山道紀

【絵葉書】
機関車の後ろにテンダのような車両を連結している。また木材の積み方も、その長さによって運材貨車1両使いと2両使いの二通りある。◎昭和10（1935）年頃　所蔵：奥山道紀

武利意森林鉄道

所轄：北見営林局丸瀬布営林署（旧　内務省北海道庁）
距離：武利幹線40.0km、上丸瀬布幹線6.2km、オロピリカ幹線6.0kmほか
開業：昭和3（1928）年　廃止：昭和36（1961）年

【21号】
昭和3（1928）年に雨宮工場で製作されたCタンク機関車。
3両（18.19.20号）作られ18号はその後古丹別森林鉄道に移
り、その後、ディーゼル機関車の進出で昭和58（1983）年に廃
車となったが、19号を改番した21号が奇跡的に生き残り、保
存運動が起こり現在に至っている。
◎丸瀬布　昭和38（1963）年　撮影：宮田寛之

　北海道内で最大の営業規模を誇ったのが、武利
森林鉄道である。全盛期には84km以上に到達した。
開業は昭和3（1928）年に当時の国鉄石北東線（現・
石北本線）の丸瀬布駅近くの貯木場を起点に、真南
へ武利川に沿って15kmの路線が敷設された。ちな
みに石北東線の遠軽～丸瀬布が前年に開通してい
る。この後何度も延伸を繰り返して、これが40kmほ
どの幹線となった。この幹線から更に支流の上流
へ何本もの軌道が伸びていった。これまでの道内
の森林鉄道は、すべて海外製の蒸気機関車が開業
時に導入されたが、ここが開業時から
国産機だけが導入される最初の道内の
森林鉄道となった。この後に開業した
森林鉄道では、開業時から国産機が導
入されるケースが増えており、蒸気機
関車の技術レベルが海外製と遜色なく

なったことが伺える。
　雨宮製作所のCサイド・ボトム11t機3両が開業
時に用意された。うち1両はすぐに落合森林鉄道
へ譲渡され更に、層雲峡、古丹別へと渡り歩いた。
残る2両のうち1両が、今も「森林公園いこいの森」
で矍鑠としている「雨宮21号機」である。路線延長
に合わせて機関車も増備され、昭和14（1939）年に
中山機械製のCサイドタンク10t機が2両、昭和16
（1941）年に本江機械製のCサイドタンク10t機が2
両、それぞれ増備された。戦時中の昭和18（1943）
年に国鉄釧路工場製のB1リアタンク機が3両導入
されており、これが武利森林鉄道に導入された最
後の蒸気機関車だった。すなわち、武利森林鉄道
は1両も海外製機関車が導入されたことがなかっ
た。昭和16（1941）年には、戦時体制強化の政策を
受けて丸瀬布から西の方へ向かう、上丸瀬布幹線
が開業している。なお先に開業した武利意幹線と
合わせて、「丸瀬布森林鉄道」と後年呼ばれるよう
になった。
　最大で10両にもなった蒸気機関車は、昭和26
（1951）年からディーゼル機関車が導入され昭和33
（1958）年に全廃となった。うち、「雨宮21号機」は
関係者や有志の力により解体を免れ保存された。
ディーゼル機関車も17両まで増加したが、その後
まもなく森林鉄道自体が昭和36（1961）年に廃止と
なった。

【38号ディーゼル機関車】
協三工業製の15t、ボギー式ディーゼル機関車。
急カーブの多い森林鉄道に好まれ、戦前から
森林鉄道のスタンダードのようなL形機関車に
変わって森林鉄道のエースになった。
◎丸瀬布
昭和37（1962）年8月
撮影：中西進一郎

丸瀬布で過ごした日々

山内 一

　私は平成14（2002）年生まれである。生まれた
ころには蒸気機関車は既に過去のモノであった
し炭鉱も林鉄も軽便も無いに等しいような状態
であった。釧路の炭鉱列車は高校一年生の頃ま
で動いてはいたが当時の行動力の無さから廃線
には間に合わなかった。そんな何もかもが「間
に合わなかった」自分であるが、令和3年から4
年までのわずか2年間とはいえ森林鉄道の蒸気
機関車と一緒に仕事をする機会を得ることがで
きた。結果短期間で終わってしまい仕事が上手
く行ったとは全く言えないが、恐らく今後の人生
で二度と経験することがないであろう林鉄機と
の仕事は全てが面白かった。

　時は2020年10月、高校3年生で進路が全く決
まっていないにもかかわらず一切勉強しないと
いう自堕落な生活を送っていた頃にTwitterを
何気なしに眺めていたらある一つの募集を見つ

けた。それが「雨宮21号機関士募集」という文
字。元々正直鉄道員に自分が向いていないのは
分かっていたので絶対ならないと心から決めて
いたのだが「雨宮」である。D51でもC12でもな
く雨宮である。雨宮を運転できる機会など人生
で今だけだと思いかなり迷ったが勢いで応募し
てしまった。まぁ、「実は受けていた」というの
で趣味の集まりの中でちょっとした話のタネに
ならないかなと思っていた部分もあったが。そ
うして試験を受けたのだが結果はまさかの内定。
さて困ってしまった。必須免許を一切持ってい
ないのだ。そこでまずはボイラ免許の講習のた
めに岐阜へ。教科書の表紙がキューロクで安心
した。免許試験そのものは仙台で受験した。そ
して次に自動車免許、「根本的にカーブを曲がれ
ない」などの困難に直面したがどうにか取り、大
型特殊も取得。そして建設機械の技能講習も受
講しどうにか4月に間に合わせた。

　今更雨宮21号について簡潔に書くと、雨宮21号
は東京深川の雨宮製作所にて昭和3年に製作さ
れた武利意森林鉄道の開業向け11t六輪連結タン
ク機関車である。製造番号は374番で、僚機の同
型機は他に2両。製造時は19号であったが戦後の
番号整理で21号となった。30年ほど丸瀬布の木
材を山から国鉄の駅に運ぶ仕事をした後、解体の
危機に瀕するも地元からの愛により保存が実現。
その後群馬県の林業機械化センターに持ってい
かれそうになることもあったが地元の猛反発に
より丸瀬布に残り更には動態復活を成し遂げた。
その後はかつて走っていた武利の地にできた「森
林公園いこいの森」にて全長2kmの線路を与え
られて毎年春から秋まで煙を上げている。

　丸瀬布には雨宮以外にも動力車がいる。軌道自
転車と鶴居DLだ。まず軌道自転車について。こ
れは元々国鉄/JR用の軌道自転車を札幌交通機械
にて改軌したものである。元々の構造的に強度が
そこまでないのもあり、頻繁に故障したのをよく
覚えている。その反面構造が簡単であったため
壊れたとしても1日あれば復旧できた。自分一人
でも営業運転を行ったりもした。運転自体は相当
簡単なのだがとにかく周りを見るのがかなり難し

い。踏切は雨宮もだがリモコンを運転士が押して鳴らす方式でありタイミングも分からない。最初は緊張しすぎて速度が逆に上がってしまうときもあったがどうにか独り立ちまでは漕ぎつけた。

鶴居DLは、この本を読まれている方々ならご存じだろうが簡潔に書くと運輸工業製の鶴居村営軌道向けDLだ。現在でも簡易軌道唯一の動態保存車として毎年開園閉園の節目などに走る雨宮との同時運行のほか、保線工事・入れ替え機として実用されている。元々は雨宮の予備機的な位置付けもあったようだが幸い雨宮が致命的な故障をしたことがないため代走になったことはない。そんな鶴居DLだがなかなか走ることも無いため運転する機会が殆どなく最後の一回しか運転したことがない。その際の感想を書くと、とにかく足が疲れる。エンジンをかける事などは簡単だし液体式なのでアクセルを踏めば走るのだが一定に踏むのが大変だった。整備時の思い出を書くととにかく台枠の塗装禿げが酷かった。これはマジックリンでの洗車が原因だったそうで自分がいるうちは塗装しなかったもののいずれ塗りなおされることであろう。

また牽かれる客車たちもいる。茶色い客車の木曽編成と緑色の井笠編成だ。まず茶色い木曽編成について書くと「いこいの森」の開園時から居る客車編成で、夕張炭鉱から持ってきて改軌した炭車を先頭に元北見営林局で木曽廃止とともに無償譲渡されたB客14、そしてその後ろはトロッコ客車が4両セットで繋がっている。また、このほかにも運材台車＋緩急車がありイベント等の時は増結される。つぎに井笠編成。こちらは名前の通りもとは井笠鉄道で使われていた客車で、それが西武鉄道のおとぎ列車として活躍した後ユネスコ村で静態保存されていたものが無償譲渡でやってきた。

そんな2編成であったが仕事の上では一長一短であった。まず木曽の編成の方は消毒・清掃の際は椅子がレザー地で拭く個所も少ないため楽であったが、トロッコ客車のドアが多く戸閉確認が大変だった。次に井笠の編成の方はドアが4つのため戸閉確認はかなり楽であったがあの巨体である。清掃個所も多く忘れ物の確認もなかなか面倒であった。そしてとにかく揺れる。台車が西武時代に換装されたらしくコイルバネだったのだが柔らかすぎるのだろう。乗った瞬間若干傾くという有様であった。もちろん動き出したら木曽客車よりは乗り心地が良かったが。整備に関しては軸受

けにニップルがあり建設機械と同じようにグリスを注入すれば良いためかなり簡便であった。ただ、一回あまりにもB客のグリス漏れが酷くボルトを締めなおそうとしたら折ってしまったことがあった。モノがもう古いので漏れるのも仕方がないというのもあったのだろう。かなり怒られたがどうにかペンチでネジを外せて事なきを得た。

雨宮の整備はバルブの擦り合わせやボイラの検査などは札幌交通機械に委託していたが、運行期間のちょっとした修理は基本的に地元で行い、軽微なものであれば機関士自ら行っていた。例えばインゼクタのスケールが溜まった際には機関士達で磨いていたし、ブロワーバルブが破損した際には近くのガソリンスタンドに頼んで一回り大きいバルブを買ってきて取り付けるなんてこともあった。他にもインゼクタのパイプの修理は地元の鉄工所であったし、地域の機関車といった雰囲気が今もある。

ここで雨宮の1日を説明しつつそれぞれの作業の思い出を書いていこう。雨宮の1日は朝の火入れから始まる。最初に灯油の染みたぼろきれに火をつけてスコップで入れた後その周りに薪を突っ込んでいく。そこであまり調子乗って突っ込みすぎると火が消えるなんてこともあった。通風はダンパを開けた後最初コンプレッサーの圧を借りるのだが、ボイラ圧0.3Mpa以上からはブロワーを開いて自力に頼る。ただし、あまり上げ過ぎて安全弁を吹いたら無駄なので始発の1時間前に0.5Mpa程度まで到達したらブロワーを止めて自然通風にする。そして火を入れてから昇圧は短くても1時間半程度はかかるためその間に別の作業を行う。まずはミーティング。コーヒーを飲みつつその日の予定や役場で出てきた今後の話などを話し合ったりしていた。それが終わったら機関庫に戻り注油をしていく。人数が揃っている日は左右で分担し、自分は基本的に左側の注油を行っていた。ロッドはオイルキャップを開いて注油しトリミングを出し入れするのだが場所によって油量がかなり違う。減り過ぎているところは勿論軸のガタ付きや油の漏れすぎでトリミングの取替が必要なのだが、あまりにも減っていないとそれは軸を痛めているという意味なのでそれはそれで注意が必要であった。

因みにトリミングの糸は特別なものなどではなく普通の100均で売られている毛糸を使っている。ロッドのオイルキャップは場所によって鉄か

砲金か変わってくるのだが、鉄同士よりも別素材
同士の方がネジは開けやすかった。但し砲金は柔
らかいためモンキーレンチで締めすぎると変形し
そうになることもあった。車軸は動輪のスポーク
にマイナスドライバーを突っ込んで軸箱の蓋を開
けてオイルを入れていく。真ん中にトリミングが
あるため、片側にだけ満杯にしても全然入ってい
ないということが多かった。また、ロッドの角度
によってはカウンターウエイトが邪魔で注油不能

になることもありその際は出庫時にロッドの角度
を調整して注油していた。最後にピストンの油を
注入するのだがそこは硬い油を使用していた。そ
して日によってはシリンダの油が足りなくなった
ら継ぎ足すこともあった。注油をする前には水タ
ンクに水を入れる作業がある。機関庫のなかに給
水ホースがあるためそこから入れるのだが、雨宮
には水タンクの水面計が無いため横から見ている
とどこまで入っているかが分からない。地道な方

法であれば何度もタンクの水面を見るというのがあるが、他にもやり方を習った。例えば水タンクを叩いた音の違いや湿気の多い日は水が入っているところまで結露するためそれで推測できた。注油が終わり昇圧したら機関車はバックし炭殻を火床の整理で使うポーカー（火かき棒）で落としていくのだがなかなか灰箱の落ちる隙間が見つからない。どこだどこだと探しているとズボッと入って一気にドバァと出てくる。そしてあんまり一気に来ると灰が舞って肺が悲鳴を上げるので飛散防止にずっとホースで水をかけ続ける。また、灰箱の灰も重力だけでは完全には落ちないのでホースを突っ込んで水で流していた。

　灰落としが終われば出庫である。その日の乗客の人数を朝のうちに推測して通常日であれば木曽客車を、多客時であれば井笠客車を繋ぐようにする。転輪対策で木曽客車は手歯止めがかかっており井笠客車はハンドブレーキがかかっているので連結後に外す。因みに木曽客車のハンドブレーキもかかるそうだが使われてはいない。出庫後は駅まで回送する。その際はコロナウイルス対策で全ての窓を開けていたため乗りながら客車の窓を開けていく。

　駅到着後には木曽客車の場合は「快速むりい」というサボを取り付ける。昭和の頃の北大生が国鉄用と同じ業者に発注して作ったモノらしい。因みにヘッドマークもありしばらくの間行方不明になっていたが、機関庫の中の標識置き場から発見した。そのほかには機関車に積んでいる改札鋏を駅の釘に引っ掛けておく。この鋏も少し加工されていて、切りカス対策でフィルムケースを使ったゴミ受けがついており溜まった時は火室にカスを投げ込んだ。

　そうして朝の支度が終われば1日13便の定期運行だ。但し乗客が居なければ走らないので雨の日などは全然走らない日もあった。改札は5分前から始まり客の切符を切っていく。この切符は硬券ではなくただの少し厚い紙だったため鋏で切るのが難しく時折切れなかったり破れたりすることもあった。それでも角度を少しつけたりして綺麗に切れた時は快感であった。そうして発車時刻に近づくとドアを閉めていく。森林客車のトロッコであれば乗客に閉めさせるのだが、他のB客や井笠は機関士が閉めていく。B客はホーム転落防止の渡り板があるためそれを畳む作業もあった。また、B客はドアが閉まりにくい時がありうっかりすると開いてしまいドキドキした。戸閉め確認が終わればいよいよ発車だ。機関士の合図を確認した後駅の切符売りに発車放送をしてもらうよう手を挙げて指示する。すると切符売りの「雨宮号発車します」というアナウンスが流れ汽車は汽笛を鳴ら

す。その間に機関助士は汽車に乗り込み左側の安全確認をしつつ鉄橋などでは汽笛を鳴らす。これも位置や鳴らす方法が決まっており、小さな踏切では短く鉄橋や撮影スポットでは長く鳴らすようにしていた。そしてインゼクタ注水や石炭も焚べていく。インゼクタはとにかくかかりにくかった。運が良ければすぐにかかるのだが、悪ければどんどん溢れ水で蒸気が噴き出す。かかる時は真空になる感じなので一瞬静かになった後ズゴーと水が入っていく。そこでボイラ圧が変わってくるためバルブを調整していき最適な注水を目指す。投炭はこのインゼクタでどこまで注水するかを考慮しながら焚べていく。逆に言えば注水する必要もなくボイラ圧が高い時は投炭しない。特に雨の日でカーブの抵抗が少ない時や乗客があまりいない時は何もしなくても一周できた。石炭というのは火床を平らにして満遍なく焚べていくのが基本だが、通風で石炭が火室の奥に流れてしまうため主に手前に多く焚べる。

そうして運用が終われば片付けである。まず汽車に改札鋏とサボを仕舞い、バックしていく。そして客車を切り離したら単機で回送。ここでは運転業務も何度か行った。小学生時代に羅須地人の6号機を運転したことがあり最初は真っすぐ走らせるだけなら苦ではないだろうと思っていたが現実は違った。ある日先輩機関士に「乗れ」と言われて運転席に乗り加減弁を引いたのだが補助弁までしか引けない。更に引くと主弁が現れて汽車が動き出すはずなのだが動かない。そして目いっぱい力をかけると汽車はロケットが飛ぶように走り出した。昔の乗工社にＰＵ101というナローゲージの簡易的な動力ユニットがあったがあれと同じような走り出しだった。ある意味あの動力は実物と近いのかもしれない。そうして機関庫に戻ったらインゼクタで目一杯まで注水していく。蒸発で次の日水量が下がってしまうための対策だ。ここまでくると機関士たちも安心だと思いきやそうでもない。この時間になってくるとタンクの水が温まってしまい全然インゼクタがうまくかからないのだ。そのような時はタンクにもう一度水を入れて冷やしていく。するとある程度はかかるようになる。そうして注水が終わったら軸箱に燃えカスが移っていないかや加減弁は動かないようピンでロックされているか、逆転機は中立になっているかそして機関庫の電気と換気扇は消えているかの確認をし

て機関庫を閉める。こうして1日が終わっていく。

私が雨宮に関わってきた中で最後の方に注力した事は、歴史に基づいた機関車の再現だった。あの雨宮という機関車は復元時に苗穂に送られて札幌交通機械で整備されたのだがその際に国鉄タイプのナンバープレートを装着されてしまった。また、ヘッドライトは戦前油灯付きの写真があるが基本的には装備されていなかったものの、見栄えや夜の運転も考慮して機関士の家にあった自動車用のフォグランプを取り付けていた。そのため実際の現役時の彼とはかなり見た目が変わってしまい自分としては小学生時代よりかなり不満に思っていた。そこでこの仕事に就いた自分の意味も考えインドより戦前タイプの油灯を輸入しレストア。また、今後のイベントなどの演出でヘッドライトを取り外したり、別のライトを装着することも考慮しプラグで取り外しが可能なようにした。先輩機関士も現役時の姿に戻すのは大歓迎であったため作業は円滑に進んだ。そしてナンバープレートに関しては旭川市の長年雨宮、そしていこいの森の保存鉄道に協力してくださっている鉄工所の方に戦後撮られた写真で装着されていた黒地に白文字の19号仕様をイメージした被せられるプレートを製造して頂いた。また、その後雨宮の写真を見返したところメーカーズプレートが製造時取り付けられていた事に気付き他の雨宮製車両のプレートを参考にしながらエッチングで自作しマグネットで取り付けられるようにした。

結果的に退職し、現在は武蔵野美術大学のクリエイティブイノベーション学科に通っているのだが、大学ではボイラー免許持ちを捩って「ボイラーくん」というあだ名がついた。

機関車乗りを経験した人生は周りに話すと大変好評で嬉しい。他にはせっかくもう一度学生に戻れるチャンスを頂けたというのもあり、やりたい事をやろうと思い学園祭企画として「ムサビ村営軌道」という実際に大学に15インチゲージの機関車を造りレールを敷く企画を現在進めている。また、丸瀬布との関係は今でも良好でありこれからも時代考証による歴史再現やツアー企画などを開催していきたい。

それでは、これからの丸瀬布がより良い鉄道保存施設として機能していくことを願いこの文を締めさせていただく。

（元丸瀬布雨宮21号機関士）

士別森林鉄道

所轄：旭川営林局朝日営林署（旧・帝室林野局）
距離：本線30.5km、似峡線7.0ｋｍ、咲留線3.6ｋｍ　辺渓線10.0kmほか
開業：昭和5 (1930) 年　廃止：昭和32 (1957) 年

　国鉄宗谷本線の士別駅を起点としていた軽便鉄道、士別軌道の終点奥士別から更に奥地の天塩川上流の御料林の輸送を目的に昭和7 (1932) 年に開業した。当初は馬車軌道だった士別軌道の動力化の4年後のことだ。すでに士別軌道の大部分の株を王子製紙が取得しており、自社の製紙材料を御料林から輸送する計画を実現した形になる。開業時に導入されたのは日本車輌製のBサイド・ボトムタンク8t機であった。この機関車は、森林鉄道建設にも活躍した。路線の建設は奥士別から徐々に天塩川に沿って進み、昭和7 (1932) 年に本線30.5kmが開通した。路線の延長に伴って増備されたのが日立製作所製のBサイドタンク8t機だ。本線の全通により、当初目的の御料林からの輸送ルートが完成し、木材を満載した運材台車が奥士別を経由してそのまま士別軌道で国鉄士別駅まで輸送された。そのため、多くの森林鉄道のように、士別森林鉄道には起点に貯木場が無かったのが特徴的だ。なお運材台車は士別軌道へ直通したが、両社の機関車の交流は無かったようだ。

　本線全通後、昭和12〜14年にかけて、似峡線、咲留線、辺渓線がそれぞれ本線から分岐する形で開通している。余談だが昭和14 (1939) には、来る総力戦に備えてか帝室林野局が士別軌道の経営権を王子製紙から買収し、木材輸送の強化が図られている。

　開業以来2両の蒸機で木材輸送を賄っていたのだが、戦時中の昭和18 (1943) 年に他の森林鉄道でも導入された鉄道省釧路工場製のBサイド・ボトムタンク8t機1両が仲間に加わった。戦後も機関車の増備は続き、昭和21 (1946) 年には早くも協三工業製のBサイドタンク8t機が、さらに東亜車輌製の少々小型のBサイドタンク7t機も翌年に導入された。昭和20年代後半には、L型のディーゼル機関車が導入され、昭和29 (1954) 年の洞爺丸台風による倒木輸送のため、辺渓線を撤去してこの軌条を倒木エリアまで拡大して対応したが、間もなくトラック化の方針が決まり、昭和32 (1957) 年までに森林鉄道はすべて廃止された。そして元々天塩川流域の木材輸送が目的だった士別軌道も、その主たる使命を失うこととなり、程なく運命を共にした。

【現役時代、運材貨車を牽く19号時代の21号】◎提供：士別市立博物館

【40号】
昭和31 (1956) 年に投入された
協三工業製9トン機関車。機関
車の上でポーズをとる3人男た
ち、何かの記念撮影だろうか。
◎奥士別起点30km地点
所蔵：奥山道紀

【丸太を満載して山を下る】
運材台車2台に丸太を渡した森
林鉄道運材台車の一般的な使い
方だ。機関車は加藤の5トン機
関車か。
◎弁天渕
昭和25年ごろ
提供：士別市立博物館

【9号機関車】
昭和6 (1931) 年に日立製作所で
造られた8トンタンク機関車、珍
品である。
◎提供：士別市立博物館

【丸太で組み上げた木橋を渡る】
機関車は重連のように見えるが詳細不明。
◎弁天渕
昭和25年ごろ
提供：士別市立博物館

【機関庫】
奥士別だと思うのだが・・仔細不明
だがよい写真なので掲載した。
◎提供：士別市立博物館

幾春別森林鉄道

所轄：札幌営林局岩見沢営林署（旧・帝室林野局）
距離：幹線：14.6km　ほか
開業：昭和12（1937）年　廃止：昭和31（1956）年

　北海道最初の本格的な鉄道である官営幌内鉄道を前身とする幌内線は、沿線の炭鉱から石炭を輸送する路線だが、この終点である幾春別は広大な御料林が広がっていた。この木材を輸送するために、昭和12（1937）年に敷設されたのが幾春別森林鉄道である。幾春別駅の貯木場から幾春別川に沿って南東方向に辿り、盤の沢までの14.6kmを主軸に周囲の支流に路線が伸びており、路線長は20km程度の小さな森林鉄道だった。

　開業時に導入されたのは日本車輌製のBサイド・ボトムタンク8t機で、主夕張森林鉄道の主夕張線に導入されたものと同型機である。暫くはこの1両だけだったが、戦時中に周囲の御料林の森林鉄道の機関車と交換があり、芦別森林鉄道および主夕張線の中山機械製のBサイドタンク8t機が計2両やってきた。と同時に開業時の日本車輌製の機関車は主夕張線に移っていった。また木材増産のために東亜車輌製のBサイドタンク8t機および御料林の森林鉄道では珍しい外国製のコッペルCサイド・ボトムタンク機が導入された。

　戦後も機関車たちは変わらず運行していたが、昭和27（1952）年に桂沢にダムが建設されることとなった。このダム湖が完成した昭和31（1956）年に幾春別森林鉄道は廃止荒れた。

【C27】
1923年ドイツ、コッペル製の9トン機関車、幾春別森林鉄道、唯一の外国製の機関車でエースとして活躍。
◎昭和27（1952）年頃　奥山道紀蔵

【24号】
昭和13（1938）年に中山機械で製造された8トンB機関車。蒸気機関車の一般的スタイルと今ひとつ変わった外観だ。
◎昭和30（1955）年頃　撮影：小熊米雄（所蔵：宮崎繁幹）

【運材列車到着】
バック運転で長い運材列車が到着する。機関車の詳細は残念ながら不明。
◎幾春別　昭和12（1937）年頃　提供：林野庁北海道森林管理局

陸別・トマム森林鉄道

所轄：帯広営林局陸別営林署 (旧・内務省北海道庁)　距離：陸別幹線20.1km、トマム幹線26.8kmほか
開業：陸別森林鉄道　大正12 (1923) 年　　トマム森林鉄道　大正14 (1925) 年
廃止：陸別森林鉄道　昭和28 (1953) 年　　トマム森林鉄道　昭和41 (1966) 年

　それぞれ別の森林鉄道だが、所轄が同じであるため、多くの書籍ではひとつの鉄道として紹介されていることが多いため本書でもそれに倣う。最初に開通したのが陸別森林鉄道で、国鉄網走線 (後の北海道ちほく高原鉄道、現廃止) の陸別駅の貯木場から陸別川に沿って北東へ向かう路線が大正11 (1923) 年に開通された。使用できる資源の関係か、何故か馬車軌道と同じ規格の線路を使ったために線路規格が低かった。

　恐らくこの時期、雨後の筍のごとく北海道内の森林鉄道が次々と敷設されていったので、レールが枯渇気味で、どこかで廃止になって余剰となった馬車軌道のレールを流用したのかもしれない。そのため導入された機関車も、ドイツコッペル製B1ボトムタンク型の5t車だった。3両が導入されたが、うち1両はその後に落合、美深、士別と各森林鉄道を転々とした。森林鉄道間の車両の譲受渡は珍しくないが、ここまで多くの事業者を渡り歩く例は珍しい。基本的にはディーゼル機関車が導入されるまではこの3両だけだったが、戦後に津軽森林鉄道から岩崎レール商会製のB1サイド・ボ

トムタンク機が1両仲間入りをしている。

　トマム森林鉄道は陸別森林鉄道と同時に着工したのだが、重軌道のレール入手を待ったためか2年遅れて大正14 (1925) 年に開業した。陸別森林鉄道と同じ貯木場を起点として、トマム川に沿って西の方へ路線が伸びていた。こちらはコッペル製のCサイドタンク10t機が3両だったが、昭和5 (1930) 年に燃料槽を運転室後部に増設する工事を行い、合わせて軸配置がC1となった。この後導入された蒸機はすべて国産の中小メーカー製で、昭和14年に地元北海道の中山機械にて2両のCサイドタンクが、昭和16 (1941) 年に富山県の本江機械で1両のCサイドタンクが、更に戦後昭和23 (1948) 年に今も盛業中の協三工業にて2両のCサイドタンク機が増備され、トマム森林鉄道では合計8両もの機関車が活躍した。

　昭和25 (1950) 年からディーゼル機関車が導入されたが、陸別森林鉄道はその3年後に全廃された。一方、トマム森林鉄道は道内の森林鉄道でもかなり遅い、昭和41 (1966) 年の廃止となった。

【温根湯森林鉄道のボールドウイン】
短いレール上に載ったボールドウインのリアタンク、到着か転属か不明。◎昭和12年頃　林野庁北海道森林管理局提供

客土事業・河川改修事業

　客土とは主に農産物の栽培に適した土壌を作るための農業事業で、耕地の広い北海道では、線路を敷き、トロッコによる客土事業が北海道のあちこちで行われた。蒸気機関車を使った本格的客土軌道は道南の知内地区が知られていた。筆者もすっかり暗くなった旭川郊外、旭川電気軌道の終点旭山公園駅のはずれにおびただしいトロとデイーゼル機関車が並んでいたおぼろげな記憶がある。あれは何だろうと思いつつ、時間がなくてすぐ折り返す電車の車内にとどまっていたのが今とあっては悔やまれる。

【仕業前の機関庫、知内村】
◎昭和38（1963）年8月
撮影：宮田寛之

【無版号機】
知内地区の客土事業を請け負っていた板橋組の機関車、協三工業のBタンク機関車昭和23（1948）年に作られた8トン機で、その後たくさん作られた協三工業スタイルの産業用蒸気機関車の祖というべき車両かもしれない。
◎尻内村
昭和38（1963）年8月
撮影：宮田寛之

【石狩川「ろ」】
国鉄1100系の機関車だが勉強不足で詳細不明、トロッコけん引のためバッファーとピンリンク式の連結器に変えていた。
◎石狩川河岸
昭和34（1959）年8月
撮影：若尾侑

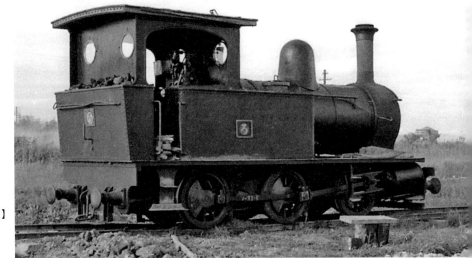

【石狩川「ろ」を後方から見る】
◎石狩川河岸
昭和34（1959）年8月
撮影：若尾侑

【石狩川の2号】
機関車の詳細は不明。上2枚「ろ」との関係も調査不能だった。
◎石狩川工事事務所
昭和41（1966）年9月
撮影：石井賢三（所蔵：髙井薫平）

あとがき

　このシリーズは、ぼくとぼくが属する「鉄研三田会」諸兄の写真を中心においてスタートしています。しかし世の中にはほかにも素晴らしい写真を残してくれた先輩が多くおられるわけで、その方が旧知の間柄だったり、また新たにご紹介頂いたりしてそれらの方々の写真も記録として拝借することにしています。ただ一部の撮影者について最近その使用が難しくなりました。その結果、この第2巻ではごく一部の著名な趣味の先人の写真をほかの方の写真と差し替えざるを得なかったのは極めて残念な出来事でした。

　個々の解説文で知識不足もあって非常にばらつきの多い内容になり反省しております。

　前書きにも書きましたが、出来上がったものを見るとかなり荒っぽく、当初考えていた本のタイトルには遠く及ばないものになり、力不足を厳しく感じる出来栄えになりました。「炭鉱」を漢字で表すとき、「炭坑」「炭砿」「炭鉱」「炭礦」等の表し方があり、本著では混在して使用しています。それぞれの会社の言い回しでも異なった表記があり、使い方に苦慮いたしました。その結果、本書では統一しないまま、取材時点のものを使用しています。たくさんのご指摘、ご提案をいただければ筆者にとってこんなうれしいことはありません。

　炭鉱鉄道および専用側線は、知識不足もあり落ちこぼれも多々あると思っています。しかも国の石炭政策に翻弄されたこともあり、その存続は急激に危うくなりました。炭鉱の廃業はその地域の存続にも大いに影響し、炭鉱廃止とともにそこに住む生活の基盤は消えていきました。そんな状況をご紹介したつもりです。北海道にも炭鉱以外の産業がたくさんあり、今も立派に活動しています。ただ、鉄道利用という面から見ると、国鉄改革と時代の流れか、鉄道による貨物輸送の変化があります。市場の変化か車扱い貨物の廃止で、沢山あった工場側線が必要なくなり、トラック輸送に変わりました。

　北海道中で出会えた森林鉄道は道路ができてトラック輸送に変わりました。今森林鉄道を研究される方は鉄道研究以外の方々でも盛んで貴重な資料が発表されていますが、これらを参考にさせていただきながらの佐竹さんにまとめてもらいました。

　吉田初三郎の鳥瞰絵図、国土地理院地図の解説は矢崎康雄さん、そしてこのシリーズの目玉ともいえる諸元表の作成と、ぼく自身の作業の検証はいつものように亀井秀夫さんにお願いいたしました。

　JR北海道自身、人口の減少と自然災害の影響で大変厳しい経営環境にあります。北海道新幹線の札幌延伸もそんなに遠い話ではありませんが、新幹線が札幌に届いた日、北海道の地方路線がどのような変化を起こすのか予断は許せません。この本は、もし北海道のドライブ旅行の際、ご紹介した遺構に立ち寄っていただければ、北海道を見る目が変わるかもしれません。

　次巻からは「みちのく3部作」として東北6県を3回に分けてお届けするつもりです。東北6県にはおよそ30社36路線の鉄道が存在しましたが、現在青森2社3線、岩手県に1路線、福島県の2路線が残るのみです。これらを東北6県の私鉄を3巻に分けてご紹介いたします。ご期待ください。

令和5（2023）年12月25日　髙井薫平

参考文献

著者	書名・記事名	雑誌名	巻数	発行所	発行年月
小熊米雄	8850健在なり	鉄道ピクトリアル	44	鉄道図書刊行会	1955/03
川上幸義	寿都鉄道	鉄道ピクトリアル	49	鉄道図書刊行会	1955/08
小熊米雄	旭川の電車	鉄道ピクトリアル	58	鉄道図書刊行会	1956/05
小熊米雄	夕張鉄道	鉄道ピクトリアル	61	鉄道図書刊行会	1956/08
星良助	十勝鉄道 知られざる私鉄6	鉄道ピクトリアル	85	鉄道図書刊行会	1958/08
湯口徹・繁沢崇	私鉄レポート集	急電	101	京都鉄道趣味同好会	1960/06
小熊米雄	釧路臨港鉄道 私鉄車両めぐり第1分冊	鉄道ピクトリアル		鉄道図書刊行会	1960/12
星良助	天塩炭砿鉄道	鉄道ピクトリアル		鉄道図書刊行会	1960/12
小熊米雄	釧路臨港鉄道 私鉄車両めぐり 第1分冊	鉄道ピクトリアル		鉄道図書刊行会	1960/12
	世界の鉄道　昭和37年版			朝日新聞社	1962/02
小熊米雄	釧路臨港鉄道補遺 私鉄車両めぐり	鉄道ピクトリアル	128	鉄道図書刊行会	1962/03
星良助	三菱鉱業大夕張鉄道 私鉄車両めぐり 第2分冊	鉄道ピクトリアル	128	鉄道図書刊行会	1962/03
小熊米雄	雄別鉄道 私鉄車両めぐり 第2分冊	鉄道ピクトリアル	128	鉄道図書刊行会	1962/03
小熊米雄	美唄鉄道 私鉄車両めぐり 57	鉄道ピクトリアル	146	鉄道図書刊行会	1963/06
小熊米雄	尺別鉄道	鉄道ピクトリアル	173	鉄道図書刊行会	1965/07
小熊米雄	三井芦別鉄道 私鉄車両めぐり第7分冊	鉄道ピクトリアル	186	鉄道図書刊行会	1966/07
小熊米雄・星良助	寿都鉄道 私鉄車両めぐり第8分冊	鉄道ピクトリアル	199	鉄道図書刊行会	1967/07
小熊米雄	夕張鉄道 私鉄車両めぐり第9分冊	鉄道ピクトリアル	212	鉄道図書刊行会	1968/07
	世界の鉄道　昭和44年版 蒸気9600/電気機関車			朝日新聞社	1969/10
加藤新一・今城光英・酒井英夫	西武鉄道 2 私鉄車両めぐり 80	鉄道ピクトリアル	231	鉄道図書刊行会	1969/12
小熊米雄	定山渓鉄道　私鉄車両めぐり第10分冊	鉄道ピクトリアル	232	鉄道図書刊行会	1969/12
千葉譲	釧路臨港鉄道	鉄道ピクトリアル	259	鉄道図書刊行会	1971/12
	特集・北海道の鉄道 北海道の私設鉄道都市車両概要	鉄道ピクトリアル	259	鉄道図書刊行会	1971/12
後藤宏志	北海道の私設鉄道と車両概要Ⅶ 十勝鉄道	鉄道ピクトリアル	259	鉄道図書刊行会	1971/12
後藤宏志	三井芦別鉄道	鉄道ピクトリアル	259	鉄道図書刊行会	1971/12
今井静也	三菱大夕張炭礦大夕張線	鉄道ピクトリアル	259	鉄道図書刊行会	1971/12
大西清友	三菱鉱業美唄鉄道	鉄道ピクトリアル	259	鉄道図書刊行会	1971/12
大西清友	北海道内専用線・専用鉄道の車両	鉄道ピクトリアル	259	鉄道図書刊行会	1971/12
臼井茂信	機関車の系譜図1			交友社	1972/09
臼井茂信	機関車の系譜図2			交友社	1973/04
杉田肇	私鉄電気機関車ガイドブック			誠文堂新光社	1976/08
臼井茂信	機関車の系譜図3			交友社	1976/12
小熊米雄	北海道鉄道とその車輌 買収私鉄探求シリーズ・2	レイル	7	プレスアイゼンバーン	1978/07
星良助	北海道内客車の動き Ⅰ	鉄道ピクトリアル	384	電気車研究会	1980/12
星良助	北海道内客車の動き Ⅱ	鉄道ピクトリアル	387	電気車研究会	1981/03
加田芳英	十勝の國私鉄覚え書 硬券研究別冊			近畿硬券部会	1984/01
大谷正春	尺別鉄道 五十年の軌跡			ケーエス興産	1984/06
大谷正春	雄別炭礦鉄道 五十年の軌跡			ケーエス興産	1984/06
黒岩保美	寿都鉄道			プレスアイゼンバーン	1984/11
束原政賞	日本セメント 上磯工場の電気鉄道				1986/09
湯口徹	北線路 上	レイル	21	プレスアイゼンバーン	1988/03
湯口徹	北線路 下	レイル	22	プレスアイゼンバーン	1988/05
小熊米雄	日本の森林鉄道 上巻 蒸気機関車編			プレスアイゼンバーン	1989/01
	鉄道70年のあしあと			太平洋石炭販売輸送	1993/12
岩堀春夫	鉄道番外録1			ないねん出版	1994/08
沖田祐作	改訂版 機関車表 私設企業			滄茫会	1994/01
澤内一晃	十勝鉄道帯広部線車両史　車両研究 7	RAIL FAN	519	鉄道友の会	1996/03
藤岡雄一	THE GUIDE OF 私鉄ディーゼル機関車	鉄道ピクトリアル	621	鉄道図書刊行会	1996/05
髙井薫平	軽便追想 根室拓殖鉄道・十勝鉄道			ネコ・パブリッシング	1997/04
今井理・森川幸一	簡易軌道写真帖			モデルワーゲン	1997/07
	地方鉄道の瓦斯倫気動車(Ⅵ)	鉄道史料	9	鉄道史資料保存会	1997/10
瀬古龍雄	B6回顧録　(私鉄・専用鉄道・専用線編)	RM LIBRARY	17	ネコ・パブリッシング	2000/12
西裕之	全国森林鉄道	キャンブックス		JTBパブリッシング	2001/10
寺田裕一	ローカル私鉄車輌20年 第3セクター・貨物専業編	キャンブックス		JTBパブリッシング	2003/01
奥山道紀・赤城英昭	三菱鉱業大夕張鉄道	RM LIBRARY	47	ネコ・パブリッシング	2003/06
青木栄一	昭和29年夏 北海道私鉄めぐり 上	RM LIBRARY	58	ネコ・パブリッシング	2004/06
青木栄一	昭和29年夏 北海道私鉄めぐり 下	RM LIBRARY	59	ネコ・パブリッシング	2004/07
湯口徹	内燃機動車発達史 上			ネコ・パブリッシング	2005/01
湯口徹	内燃機動車発達史 下			ネコ・パブリッシング	2005/08
湯口徹	戦後生まれの私鉄機械式気動車 上	RM LIBRARY	87	ネコ・パブリッシング	2006/11
湯口徹	戦後生まれの私鉄機械式気動車 下	RM LIBRARY	88	ネコ・パブリッシング	2006/12
いのうえこーいち	美唄鉄道			プレスアイゼンバーン	2007/07
澤内一晃・星良助	北海道の専用鉄道車両	鉄道資料	120	鉄道史資料保存会	2008/07
寺田裕一	新消えた轍 1 北海道	NECO MOOK		ネコ・パブリッシング	2011/07
今井啓輔	私の見た特殊狭軌鉄道 第1巻			レイルロード	2011/07
寺田裕一	新消えた轍 2 北海道・北東北	NECO MOOK		ネコ・パブリッシング	2011/08
髙井薫平	小型機関車全記録 東日本編			講談社	2012/01
星良助	戦前の定山渓鉄道　時刻表、車両履歴など	RAIL FAN	715	鉄道友の会	2012/12
沖田祐作	機関車表 フル・コンプリート版			ネコ・パブリッシング	2014/02
和久田康雄	私鉄史研究資料			電気車研究会	2014/04
石川孝織	釧路炭田　炭鉱と鉄路			釧路市立博物館	2014/09
湯口徹	戦前地方鉄道/軌道の内燃機関車	鉄道資料	142	鉄道資料保存会	2014/10
澤内一晃	東洋型箱型電機の研究	鉄道ピクトリアル	899	電気車研究会	2015/01
倉知光男	北海道旅のおもいで 1959年 夏				2015/07
澤内一晃・星良助	北海道の私鉄車両			北海道新聞社	2016/03
湯口徹	私鉄のボギー客車(13)	RAIL FAN	746	鉄道友の会	2016/08
石川孝織・奥山道紀・清水一史	釧路・根室の簡易軌道			釧路市立博物館	2017/03
湯口徹	私鉄のボギー客車(20)夕張鉄道	RAIL FAN	755	鉄道友の会	2017/10
湯口徹	私鉄のボギー客車(21)夕張鉄道・美唄鉄道・大夕張鉄道	RAIL FAN	756	鉄道友の会	2017/11
久保ヒデキ	定山渓鉄道			北海道新聞社	2018/01
松野郷俊弘	北海道の森林鉄道			22世紀アート	2018/08
今井啓輔	北海道の殖民軌道－聞き書き帳-			レイルロード	2021/04

車両諸元表

（作成：亀井秀夫）

諸元表注記
諸元表各項は廃車時のデータの採用に努めたが、不明な場合は新製時のデータ等を記載するか空白とする。
森林鉄道関係の諸元は記載しておりません。

蒸気機関車・電気機関車・電車・内燃機関車・客車
車体寸法： 単位mm 小数点以下四捨五入　長さ：連結面寸法・最大幅：入口ステップを含む・最大高：集電装置ある車
　　　　はその折り畳み高さ
自重(荷重)： 機関車は運転整備重量・荷重は積載荷物量をあらわす。単位 ton 小数点以下1位に四捨五入
定員： 例 80(30) 総定員80名内座席定員30名 数値は冬季以外を表す。座席定員不明の場合は総定員
台車： 製造所略称・形式 形式名称のないものは台枠構造等を表示、TR形式は国鉄型台車 ／ 軸距：単位mm 小数点以下
　　　　四捨五入

車両履歴
製造年月・改造年月： 年号　M 明治　T 大正　S 昭和　H 平成　R 令和
廃車年月(用途廃止)： 車両廃止届・譲渡届を表す。
認可： 認可は車両設計認可・車両設計特別許可・同一設計認可車両増加届・車両譲受認可・車両改造設計変更認可・
　　　　車両改造設計変更届・車両譲渡届・車両貸渡届

蒸気機関車
軸配置： 動輪はアルファベットで表す。従輪は軸数を数字で表す。先輪(1,2)・動輪(B,C,D,E)・従輪(1,2)
　　　　先輪(1,2)・動輪(B,C,D,E)・従輪(1,2)　動輪Bは軸数2、Cは軸数3、Dは軸数4

気筒径×行程： 小数点第1位を四捨五入
実用最高気圧： 小数点第2位を四捨五入
運転整備重量： 小数点第2位を四捨五入
動輪径： 小数点第1位を四捨五入

電気機関車・電車
制御器： 製造所略称・形式 形式名のないものは接触器種類・制御方式を表す
主電動機： 製造所略称・出力kw×個数 小数点以下1位に四捨五入

内燃機関車
内燃機関　連続出力/回転数： 単位 HP 小数点以下四捨五入 ／ 回転数 単位 rpm ×以下は使用台数
変速機： 形式名あるものは液体式を表す

製造所・改造所 略称

Baldwin	Baldwin Locomotive Works	東洋電機	東洋電機製造
Bayer Peacock	Beyer, Peacock and Company	新潟鉄工	新潟鐵工所
Berliner	Berliner Maschinenbau	日車支店	日本車輌製造東京支店
Brooks	Brooks Locomotive Works	日車豊川	日本車輌製造豊川製作所
Dübs & Co.	Dübs and Company	日車本店	日本車輌製造本店
Koppel	Orenstein & Koppel-Arthur Koppel A.G	日本輸送機	日本輸送機工業
Nasmith Wilson	Nasmyth, Wilson & Co., Ltd.	日立笠戸	日立製作所笠戸工場
Neilson	Neilson Reid & Co.	日立製作所	日立製作所山手工場・水戸工場
North British	North British Locomotive	日野	日野ディーゼル工業
Pittsburgh	Pittsburgh Locomotive and Car Works	北炭新鉱	北海道炭礦汽船新鉱
Porter	H.K. Porter, Inc.	北炭手宮	北海道炭礦鉄道手宮工場
いすゞ	いすゞ自動車	三菱	三菱電機
川崎車輌	川崎車輌兵庫工場	三菱重工	三菱重工業三原製作所
川崎造船所	川崎造船所兵庫工場	三菱造船所	三菱造船神戸造船所
汽車大阪	汽車製造大阪本店	三菱三原	三菱重工業三原製作所
汽車東京	汽車製造東京支店	本江機械	本江機械製作所(立山重工業改称)
立山重工	立山重工業		

鉄道名 略称

旭川市街	旭川市街軌道	北炭真谷地	北海道炭礦汽船平和鉱業所真谷地専用鉄道
茅沼炭化鉱業	茅沼炭化鉱業専用鉄道	北炭美流渡	北海道炭礦汽船幌内鉱業所美流渡専用鉄道
大夕張鉄道	三菱鉱業大夕張礦業所	北海道製糖	北海道製糖磯分内専用鉄道
釧路埠頭	釧路埠頭倉庫専用鉄道	三井芦別	三井鉱山芦別鉄道
三美運輸	三美運輸専用線	三井鉱山奈井江	三井鉱山砂川鉱業所奈井江専用鉄道
天塩鉄道	天塩炭礦鉄道	三井鉱山美唄	三井鉱山美唄鉱業所専用鉄道
十勝清水部	十勝鉄道清水部線	三菱鉱業油谷	三菱鉱業油谷鉱業所
土佐電鉄	土佐電気鉄道	三菱鉱業茶志内	三菱鉱業茶志内炭礦専用鉄道
日曹炭礦天塩	日曹炭礦天塩鉱業所専用鉄道	三菱鉱業美唄	三菱鉱業美唄鉄道(美唄鉄道)
日鉄鉱業	日鉄鉱業喜茂別鉱業所専用鉄道	三菱鉱業芦別	三菱鉱業芦別礦業所専用鉄道
藤田炭礦宗谷	藤田炭礦宗谷鉱業所小石専用線	明治鉱業庶路	明治鉱業庶路鉱業所専用線
北星美流渡	北星炭鉱美流渡専用鉄道	雄別炭礦	雄別炭礦鉄道(雄別鉄道)
北炭角田	北海道炭礦汽船角田鉱業所専用鉄道	雄別炭礦尺別	雄別炭礦尺別鉱業所専用鉄道
北炭平和	北海道炭礦汽船平和鉱業所	雄別炭礦茂尻	雄別炭礦茂尻鉱業所専用線

北海道炭礦汽船平和鉱業所真谷地専用鉄道　沼ノ沢～真谷地 4.5km

項目	形 式	番 号	軸配置	気筒径×行程 mm	実用最高気圧 kg/cm²	運転整備重量 ton	最大長 mm	最大幅 mm	最大高 mm	動輪直径 mm
1	8100	5051	1CT	432×610	11.3	37.8	15,062	2,419	3,772	1,220
2	8100	5052	1CT	432×610	11.3	37.0	15,062	2,419	3,772	1,220
3	4110	5055	E	533×610	13.0	65.3	11,443	2,667	3,810	1,245
4	4110	5056	E	533×610	12.0	65.3	11,438	2,667	3,787	1,250
5	21	22	1DT	508×610	13.0	60.4 (34.5)	16,662	2,616	3,813	1,250
6	21	24	1DT	508×610	13.0	60.4 (34.5)	16,577	2,740	3,813	1,250

北海道炭礦汽船幌内鉱業所美流渡専用鉄道
北星炭礦北星鉱業所美流渡礦専用鉄道　美流渡～上美流渡炭山～緑 3.2km

項目	形 式	番 号	軸配置	気筒径×行程 mm	実用最高気圧 kg/cm²	運転整備重量 ton	最大長 mm	最大幅 mm	最大高 mm	動輪直径 mm
1	1100	1112	C	330×457	7.8	22.6	7,090	2,235	3,442	940
2	2120	2146	C1	406×610	8.0	49.9	10,439	2,438	3,813	1,250
3	2700	2719	C2	406×610	11.0	55.5	11,299	2,540	3,808	1,250
4	8100	5051	1CT	432×610	11.3	37.8	15,062	2,419	3,771	1,220

三井鉱山美唄鉱業所専用線、三美運輸専用線　南美唄～三井美唄鉱業所 1.2km

項目	形 式	番 号	軸配置	気筒径×行程 mm	実用最高気圧 kg/cm²	運転整備重量 ton	最大長 mm	最大幅 mm	最大高 mm	動輪直径 mm
1	2500	1Ⅰ	C1	406×610	10.6	49.2	10,439	2,438	3,391	1,250
2	2500	1Ⅱ	C1	406×610	10.6	49.2	10,439	2,438	3,391	1,250
3	2500	2Ⅰ	C1	406×610	10.6	49.2	10,439	2,438	3,391	1,250
4	2120	2Ⅱ	C1	406×610	12.7	49.2	10,439	2,438	3,391	1,250

三菱鉱業油谷鉱業所　三菱芦別線辺渓～油谷鉱業所　1.3km

項目	形 式	番 号	軸配置	気筒径×行程 mm	実用最高気圧 kg/cm²	運転整備重量 ton	最大長 mm	最大幅 mm	最大高 mm	動輪直径 mm
1		5	1C1	381×559	9.8	44.5	10,033	2,680	3,632	1,270
2		2650	C1	406×610	10.5	48.4	10,366	2,440	3,808	1,250

三菱鉱業美唄鉱業所茶志内専用鉄道　茶志内～鉱業所 2.2km

項目	形 式	番 号	軸配置	気筒径×行程 mm	実用最高気圧 kg/cm²	運転整備重量 ton	最大長 mm	最大幅 mm	最大高 mm	動輪直径 mm
1	4110	4137	E	533×610	12.0	65.3	11,438	2,667	3,787	1,250
2	9200	9217	1D	457×559	12.7	48.2	17,329	2,514	3,732	1,092

製造所 / 製番	製造年月	設計認可# 竣功届* 使用開始$	前所有	旧番号	廃車年月 (用途廃止)	備考 (設計認可# 竣功届* 入線◇ 使用開始$)
…dwin …99	M30.09	S25.07$	運輸省	8118	S41.05	逓信省鉄道局 290(M30.09)⇒鉄道院 改番 8118(M42.10)→国鉄 廃車 8118(S25.01)⇒北炭真谷地 5051(S26.05#)→廃車(S41.05)→北星美流渡 5051(S41.04)→廃車(S42.10)
…dwin …87	M30.09	S25.12$	国鉄	8106	S41.05	逓信省鉄道局 278(M30.09)⇒鉄道院 改番 8106(M42.10)→国鉄 廃車 8106(S25.01)⇒北炭真谷地 5052(S25.12$)→廃車
…造船所	T09.04	S40.11#	三菱鉱業美唄	3	S46.08	三菱鉱業美唄 3(T09.04)⇒北炭真谷地 3(S40.11#)→改番 5055→廃車
…造船所 …	T06.04	S41.03#	三菱鉱業美唄	4142	S44.07	鉄道院 4142→国鉄 廃車 4142(S25.02)→三菱鉱業美唄 4142(S24.06)(S26.01#)⇒北炭真谷地 5056(S41.03#)→廃車
…造船所	T04.12	S44.05#	夕張鉄道	22	S50.04	鉄道院 9682→運輸省 廃車 9682(S23.06)⇒夕張鉄道 22(S23.08#)(S24.03#)→廃車(S46.05)⇒北炭真谷地 22(S46.06#)→廃車
…造船所 …	T03.12	S46.06#	夕張鉄道	24	S52.05	鉄道院 9645→国鉄 廃車 9645(S35.03)⇒夕張鉄道 24(S44.05#)→北炭平和 24(S44.05#)⇒北炭真谷地 24(S46.06#)→廃車⇒深川市上多度志農場 保管 9645

製造所 / 製番	製造年月	設計認可# 竣功届* 使用開始$	前所有	旧番号	廃車年月 (用途廃止)	備考 (設計認可# 竣功届* 入線◇ 使用開始$)
…smith Wilson …8	M21.--	S22.09#	定山渓鉄道	1112	S32.08	山陽鉄道 7⇒北海道炭礦鉄道 17(M24.一一)⇒逓信省鉄道局 買収 17(M39.10)→鉄道院 改番 1112(M42.10)→鉄道院 廃車 1112(T07.07)→定山渓鉄道 1112(T07.03#)→譲渡(S21.10)⇒北炭美流渡 1112(S22.09)→廃車
…os …9	M31.--	S26.06	運輸省	2146&1	S41.05	鉄道作業局 308→鉄道院 改番 2146(M42.10)→運輸省 廃車 2146(S23.10)⇒北炭美流渡 2146(S26.06#)→廃車 &1実機銘板 2183
…aldwin …998	M38.07	S33.01#	三美運輸	3	S42.10&2	陸軍野戦部隊堤理部 1109⇒鉄道作業局 1109(M39.09)→鉄道院 改番 2575(M42.10)→改番 2719(T02.07)→運輸省 廃車 2719(S23.01)⇒釧路埠頭倉庫 234(S24.09)⇒北炭美流渡 234(S24.06)(S26.07#)→廃車(S28.02)⇒三美運輸 3(S28.04)⇒北炭美流渡 2719(S31.02)(S33.01#)→廃車 &2炭鉱閉山
…aldwin …499	M30.09	S26.05#	北炭真谷地	5051	S42.10&3	逓信省鉄道局 290(M30.09)→鉄道院 改番 8118(M42.10)→国鉄 廃車 8118(S25.01)⇒北炭真谷地 5051(S25.12#)→北星美流渡 5051(S41.04)→廃車 &3炭鉱閉山

製造所 / 製番	製造年月	設計認可# 竣功届* 使用開始$	前所有	旧番号	廃車年月 (用途廃止)	備考 (設計認可# 竣功届* 入線◇ 使用開始$)
…aldwin …304	M38.05	S24.--$ / S25.07$	国鉄	2623	S42.04	陸軍野戦部隊堤理部 1157⇒鉄道作業局 1157(M39.09)→鉄道院 改番 2623(M42.10)→国鉄 廃車 2623(S24.09)⇒三井鉱山美唄 2623(S25.07#)⇒三美運輸 1Ⅰ(S26.12)→廃車
…aldwin …541	M38.10	S42.06	日本甜菜製糖士別工場	2649	S48.03	陸軍野戦部隊堤理部 1183⇒鉄道院 改番 2649(M42.10)⇒鉄道省 廃車 2649(S10.03)⇒明治製糖士別工場(S10.07#)→日本甜菜製糖士別工場 廃車(S39.10)⇒三邦機械 買収(鉄屑)(S41.09)⇒三美運輸 1Ⅱ(S42.06#)→廃車⇒江別市 個人 静態保存⇒日本鉄道保存協会 保管
…aldwin …592	M38.10	S26.12	運輸通信省	2651	S38.03	陸軍野戦部隊堤理部 1185⇒鉄道作業局 移管 1185(M39.09)→鉄道院 改番 2651(M42.10)→運輸通信省 廃車 2651(S23.01)⇒三井鉱業美唄 2651(S25.07#)⇒三美運輸 2Ⅰ(S26.12)→廃車
…orth Britsh …781	M38.--	S38.01	日本甜菜製糖士別工場	2248	S48.03	陸軍野戦部隊堤理部 764⇒南満州鉄道 移管 764(M40.04)→鉄道院 国内還送 764(M41.10)→鉄道院 改番 2248(M42.10)→国鉄 廃車 2248(S30.09)⇒日本甜菜製糖士別工場 2248(S31.03)→廃車(S37.09)⇒三美運輸 2Ⅱ(S38.01)→廃車⇒江別市 個人保存⇒日本鉄道保存協会 保管(H23.10)

製造所 / 製番	製造年月	設計認可# 竣功届* 使用開始$	前所有	旧番号	廃車年月 (用途廃止)	備考 (設計認可# 竣功届* 入線◇ 使用開始$)
…aldwin …766	M26.09	S25.04$	三菱鉱業芦別	5		筑豊興業鉄道 10→筑豊鉄道 改称 10(M27.08)⇒九州鉄道 合併 80(M30.10)→逓信省鉄道局 買収 80(M40.07)→鉄道院 改番 3308(M42.10)⇒三菱鉱業芦別 3308(S03.01)⇒片上鉄道 80(S03.05#)⇒鉄道車輌工業 5(S24.11#)⇒三菱鉱業芦別 5(S24.11)⇒三菱鉱業油谷 5(S25.04#)→廃車
…aldwin …542	M38.10		三菱鉱業芦別	2650	S39.03	陸軍野戦部隊堤理部 1184⇒鉄道作業局 移管 1184(M39.09)→鉄道院 改番 2650(M42.10)→国鉄 廃車 2650(S24.09)⇒三菱鉱業芦別 2650(S24.09)⇒三菱鉱業油谷 2650(S29.03#)→廃車

製造所 / 製番	製造年月	設計認可# 竣功届* 使用開始$	前所有	旧番号	廃車年月 (用途廃止)	備考 (設計認可# 竣功届* 入線◇ 使用開始$)
…崎造船所 …18	T03.06	S39.04	運輸省	4137	S43.04	鉄道省 4137→運輸省 廃車 4137(S23.07)⇒三菱鉱業美唄 4137 入線(S23.07)⇒三菱鉱業茶志内 4137(S39.04)→廃車 車籍:三菱鉱業美唄
…aldwin …404	M38.09	S27.06#	鉄道省	9217	S38.06	陸軍野戦部隊堤理部 817⇒鉄道作業局 移管 817(M39.09)→鉄道院 改番 9217(M42.10)→国鉄 廃車 9217(S02.01)⇒三菱鉱業美唄 9217(S02.10#)⇒大夕張鉄道 借入(S16.01)→転落事故大破(S22.09)→三菱鉱業美唄 返却⇒三菱鉱業茶志内 9217 借入?(S27.06#)→廃車 車籍:三菱鉱業美唄

三菱鉱業芦別鉱業所　上芦別〜辺渓三坑　8.2km

項目	形式	番号	軸配置	気筒径×行程 mm	実用最高気圧 kg/cm²	運転整備重量 ton	最大長 mm	最大幅 mm	最大高 mm	動輪直径 mm
1	5	5	1C1	381×559	10.0	44.5	10,033	2,680	3,632	1,270
2	C140	102	C1	400×500	13.0	40.0	9,760	2,700	3,870	1,070
3	C140	103	C1	400×500	13.0	40.0	9,760	2,700	3,870	1,070
4	2500	2650	C1	406×610	10.5	48.4	10,366	2,440	3,808	1,250
5	9200	9201	1DT	457×559	12.7	48.2	17,330	2,515	3,734	1,092
6	9200	9237	1DT	457×559	12.7	48.2	17,330	2,515	3,734	1,092
7	9600	3	1DT	508×610	13.0	61.7	16,563	2,728	3,813	1,250
8	9600	9613	1DT	508×610	13.0	60.4	16,697	2,616	3,813	1,250

三井鉱山砂川鉱業所奈井江専用鉄道　奈井江〜東奈井江 10.1ｋm

項目	形式	番号	軸配置	気筒径×行程 mm	実用最高気圧 kg/cm²	運転整備重量 ton	最大長 mm	最大幅 mm	最大高 mm	動輪直径 mm
1	8850	8864	2CT	470×610	12.7	55.5	17,079	2,698	3,734	1,600
2	8850	8865	2CT	470×610	12.7	55.5	17,079	2,698	3,734	1,600
3	C11	C11-1	1C2	450×610	15.0	68.1	12,650	2,940	3,940	1,520
4	C11	C11-2	1C2	450×610	15.0	68.1	12,650	2,940	3,940	1,520
5	C11	C11-3	1C2	450×610	15.0	68.1	12,650	2,940	3,940	1,520
6	C11	C11-4	1C2	450×610	15.0	68.1	12,650	2,940	3,900	1,520

雄別炭礦茂尻鉱業所専用線　茂尻〜事業所 0.7km

項目	形式	番号	軸配置	気筒径×行程 mm	実用最高気圧 kg/cm²	運転整備重量 ton	最大長 mm	最大幅 mm	最大高 mm	動輪直径 mm
1		1	C	260×400	12.0	16.0	6,570	2,300	3,600	830
2		2	C	270×400	12.0	16.4	6,280	1,969	3,200	830
3		103Ⅰ	1C1	400×500	12.0	40.5	9,440	2,650	3,869	1,100
4	C140	103Ⅱ	C1	400×500	13.0	40.0	9,760	2,700	3,870	1,070

釧路埠頭倉庫専用鉄道 ⇒ 雄別鉄道埠頭線（地方鉄道）⇒ 釧路開発埠頭（地方鉄道）

項目	形式	番号	軸配置	気筒径×行程 mm	実用最高気圧 kg/cm²	運転整備重量 ton	最大長 mm	最大幅 mm	最大高 mm	動輪直径 mm
1	2700	234	C2	330×457	7.8	22.6	7,090	2,235	3,442	940
2	1400	1409	C	379×540	11.0	35.9	9,398	2,515	3,616	1,150
3	9200	9224	1DT	457×559	12.0	48.2	17,330	2,515	3,733	1,092
4	9200	9233	1DT	457×559	12.0	48.2	17,330	2,515	3,733	1,092
5	C11	C11	1C2	450×610	15.0	68.1	12,650	2,940	3,940	1,520

製造所 製番	製造年月	設計認可# 竣功届* 使用開始$	前所有	旧番号	廃車年月 (用途廃止)	備考　設計認可# 竣功届* 入線☆ 使用開始$
win 66	M26.09	S24.11	片上鉄道	5	S35.05	筑豊興業鉄道 10→筑豊鉄道 改称 10 (M27.08)⇒九州鉄道 合併 80 (M30.10)⇒逓信省鉄道局 買収 80 (M40.07)⇒鉄道院 改番 3308 (M42.10)→鉄道省 廃車 3308 (S03.01)⇒片上鉄道 5 (S03.05*)⇒鉄道車輛工業 5 (S24.11*)⇒三菱鉱業芦別 5 (S24.11)⇒三菱鉱業油谷 5→廃車
重工業	S19.10	S25.03#	日本冶金 加悦鉄道	102	S39.03	日本冶金(加悦鉄道)102→廃車 (S24.09)⇒三菱鉱業芦別 102 (S23.08☆)(S25.03#)→廃車
重工業	S19.10	S25.03#	日本冶金 加悦鉄道	103	S39.03	日本冶金(加悦鉄道)103→廃車 (S24.09)⇒三菱鉱業芦別 103 (S23.08☆)(S25.03#)⇒雄別炭礦茂尻 103Ⅱ→廃車→北海道樽前ハイランド→解体 (H10. ——)
win 41	M38.10	S29.03	国鉄 新田ベニヤ工業	2650	S39.03	陸軍野戦部隊堤理部 1184⇒鉄道作業局 移管 1184 (M39.09)⇒鉄道院 改番 2650 (M42.10)→国鉄 廃車 2650 (S24.09)⇒三菱鉱業油谷 2650⇒三菱鉱業芦別 2650 (S29.03#)→廃車
win 27	M38.05	S37.12# S38.01*	大夕張鉄道	9201	S39.03	鉄道作業局 801→鉄道院 改番 9217 (M42.10)→鉄道省 廃車 9217 (S03.08)⇒三菱鉱業美唄 9201 &4 (S03.08)→廃車 (S04.05)→廃車 &4車籍上 (未入線)⇒大夕張鉄道 9201 (S03.10) (S04.05*)→廃車 (S38.01)⇒三菱鉱業芦別 9201 (S38.01#)→廃車→解体 (S39.06)
win 42	M38.11	S37.12# S38.01*	大夕張鉄道	9237	S39.03	鉄道作業局 837→鉄道院 改番 9237 改番 (M42.10)→鉄道省 廃車 9237 (S03.08)⇒三菱鉱業美唄 9237 &5 (S03.08☆)→廃車 (S04.05) &5車籍上 (未入線)⇒大夕張鉄道 9237 (S04.05*)→廃車 (S37.09)⇒三菱鉱業芦別 9237 (S38.01#)→廃車→解体 (S39.10)
車輌	T10.10	S25.03	天塩鉄道	3	S37.12	鉄道省 49695 (T10.10)→運輸省 廃車 49695 (S23.09)⇒天塩鉄道 3Ⅰ (S24.04#)→廃車 (S25.03)⇒三菱鉱業芦別 9600-3 (S25.03#)⇒大夕張鉄道 6 (S37.12#)→廃車 (S48.10)
車輌	T03.02	S30.--	国鉄	9613	S37.12	鉄道院 9613 (T03.02)→国鉄 廃車 9613 (S30.06)⇒三菱鉱業芦別 9613 (S25.12*)⇒三菱鉱業芦別 9613 (S37.10)⇒大夕張鉄道 7 (S37.12#)→廃車 (S48.10)⇒江別市 個人保存⇒日本鉄道保存協会 保管 (H23.10)

製造所 製番	製造年月	設計認可# 竣功届* 使用開始$	前所有	旧番号	廃車年月 (用途廃止)	備考　設計認可# 竣功届* 入線☆ 使用開始$
造船所	T02.09	S25.02# S25.07*	三井芦別	8864	S36.10	鉄道院 8864 (T02.09)→国鉄 廃車 8864 (S23.11)⇒三井芦別 8864 (S24.03$)→廃車 (S25.01)⇒三井鉱山奈井江 8864 (S25.07#)→廃車
造船所	T02.09	S25.01# S25.07*	三井芦別	8865	S37.10	鉄道院 8865 (T02.09)→国鉄 廃車 8865 (S24.01)⇒三井芦別 8865 (S25.07#)→廃車 (S25.01)⇒三井鉱山奈井江 8865 (S25.07#)→廃車
本店 75	S22.04	S34.09#	三井芦別	C11-1	S43.09	三井芦別 C11-1 (S23.04$) &6→廃車 (S33.09)⇒三井鉱山奈井江 C11-1 (S34.09)→廃車 &6 (S24.09$)記録有
本店 76	S22.04	S34.09#	三井芦別	C11-2	S43.09	三井芦別 C11-2 (S23.04$) &7→廃車 (S33.09)⇒三井鉱山奈井江 C11-2 (S34.09)→廃車 &7 (S24.09$)記録有
本店 77	S22.04	S25.12#	三井芦別	C11-3	S43.09	三井芦別 C11-3 (S23.04$) &8→廃車 (S24.09)⇒三井鉱山奈井江 C11-3 (S25.08)→廃車 &8 (S24.09$)記録有
本店 4	S16.08	S37.02#	国鉄	C11 226	S43.09	鉄道省 C11 226 (S16.09)→国鉄 廃車 C11 226 (S36.03)⇒三井鉱山奈井江 C11-4

製造所 製番	製造年月	設計認可# 竣功届* 使用開始$	前所有	旧番号	廃車年月 (用途廃止)	備考　設計認可# 竣功届* 入線☆ 使用開始$
山機械 27	S14.01	S25.03	雄別炭礦尺別	27	S33.--	雄別炭礦鉄道 27→運輸通信省 釧路工機部 更新修繕・改軌工事 (S19.03)⇒雄別炭礦尺別 借入 27 (S19.03)→返却 (S25.03)⇒雄別炭礦鉄道 27 (S25.03)⇒雄別炭礦茂尻 27 (S25.03)→改番 1→廃車
oppel 0234	T11.06	S25.12	雄別炭礦	11	S36.--	雄別炭礦鉄道 11 (T11.12#) (T12.07)→雄別炭礦尺別 11 借入 (S17.11)→譲受 (S24.08)⇒雄別炭礦茂尻 2 (S25.03)→廃車
oppel 0241	T11.10	S33.05#	雄別炭礦	103	S39.08 &9	雄別炭礦鉄道 103 (T13.07*)→廃車 (S33.05)⇒雄別炭礦茂尻 103 (S33.05#)→廃車 &9 閉山
江機械 67	S17.10		日本冶金 加悦鉄道	103	S39.08 &10	日本冶金(加悦鉄道)103→廃車 (S24.09)⇒三菱鉱業芦別 103 (S23.08☆) (S25.03#)⇒雄別炭礦茂尻 103Ⅱ→廃車 (S39.08)⇒北海道樽前ハイランド→解体 (H10. ——) &10 閉山

製造所 製番	製造年月	設計認可# 竣功届* 使用開始$	前所有	旧番号	廃車年月 (用途廃止)	備考　設計認可# 竣功届* 入線☆ 使用開始$
Nasmith Wilson 38	M21.--	S24.09	運輸省	2719	S28.02	陸軍野戦部隊堤理部 1109⇒鉄道作業局 移管 1109 (M39.09)⇒鉄道院 改番 2575 (M42.10)⇒2719 (T02.07)→鉄道省 廃車 2719 (S23.01)⇒釧路埠頭倉庫 234 (S24.09) (S26.05☆)⇒雄別炭礦鉄道 移管 234 (S26.07)→廃車 (S28.02)⇒三美運輸 2 (S28.04)⇒北炭美流渡 2719 (S31.02) (S33.01#)⇒木星流流渡 2719 (S41.04)→廃車 (S42.10) &11 &11 閉山
Kraus 329	M29.01	S21.11#	釧路埠頭	1409	S29.03	九州鉄道 41→帝国鉄道庁 買収 41 (M40.07)→鉄道院 改番 1409 (M42.10)→鉄道省 廃車 1409 (T14.05)⇒渡島海岸鉄道 1409 (S02.02#)→廃車 (S20.01)⇒釧路埠頭倉庫 1409 (S21.11#)⇒雄別炭礦鉄道 1409 (S26.07)→廃車
Baldwin 6509	M38.09	S26.04#	運輸省	9224	S37.11	陸軍野戦部隊堤理部 824⇒鉄道作業局 移管 824 (M39.09)⇒内地環送 (M42.10)⇒鉄道院 改番 9224 (M42.10)→運輸省 廃車 9224 (S24.09)⇒釧路埠頭倉庫 9224 (S25.06☆) (S26.05*)⇒雄別炭礦鉄道 移管 9224 (S26.07)→廃車
Baldwin 6785	M38.11	S25.03#	国鉄	9233	S33.05	陸軍野戦部隊堤理部 833⇒鉄道作業局 移管 833 (M39.09)⇒南満州鉄道 内地環送 833 (M39.09)⇒鉄道院 改番 9233 (M42.10)→鉄道省 廃車 9233 (S02.01)⇒三菱鉱業美唄 9233 (S02.10☆)→譲渡 (S24.10)⇒釧路埠頭倉庫 9233 (S24.09☆) (S25.05*)⇒雄別炭礦鉄道 移管 9233 (S26.07)→廃車
車本店 473	S22.03	S45.04	雄別炭礦	C111	S50.09	江若鉄道 ひえい (S22.06#)→C111 改番 2→雄別炭礦 C111 (S32.--)⇒雄別炭礦鉄道 C111 (S32.1?) (S33.07#)⇒釧路開発埠頭 C111 (S45.04)→廃車 (S50.09)⇒江別市 個人保管⇒日本鉄道保存協会 移管⇒東武鉄道 (H30.11☆)⇒東武鉄道 C11 123 (R04.07$)

雄別炭礦尺別鉱業所専用鉄道→雄別炭礦尺別鉄道（地方鉄道）　尺別～尺別炭山　10.8ｋm

項目	形 式	番 号	軸配置	気筒径×行程 mm	実用最高気圧 kg/cm²	運転整備重量 ton	最大長 mm	最大幅 mm	最大高 mm	動輪直径 mm
1	C140	101	C1	400×500	13.0	40.0	9,760	2,700	3,870	1,070
2	1310	1311	C	330×508	12.0	30.8	8,496	2,705	3,575	1,029
3	2120	2196	C1	390×610	11.0	49.9	10,731	2,430	3,567	1,250
4	2400	2411	C1	390×610	12.5	47.7	10,371	2,430	3,811	1,250
5	C12	C12 56	1C1	400×610	14.0	50.1	11,350	2,940	3,900	1,400
6	C12	C12 96	1C1	400×610	14.0	50.1	11,350	2,940	3,900	1,400
7	C12	C12001	1C1	400×610	14.0	50.1	11,350	2,940	3,900	1,400

明治鉱業庶路鉱業所専用線　西庶路～鉱業所 2.7km

項目	形 式	番 号	軸配置	気筒径×行程 mm	実用最高気圧 kg/cm²	運転整備重量 ton	最大長 mm	最大幅 mm	最大高 mm	動輪直径 mm
1		1	C	330×457	9.8	26.4	7,468	2,283	3,470	970
2		2	C	360×480	13.0	21.0				970
3		C12 14	1C1	400×610	14.0	50.1	11,350	2,936	3,900	1,400

釧路臨港鉄道（地方鉄道）→太平洋石炭販売輸送　城山～東釧路～春採～知人～入船町 11.5ｋm

項目	形 式	番 号	軸配置	気筒径×行程 mm	実用最高気圧 kg/cm²	運転整備重量 ton	最大長 mm	最大幅 mm	最大高 mm	動輪直径 mm
1	2-6-4	5	1C2	380×480	12.0	45.9	11,050	2,632	3,600	1,113
2	2-6-4	6	1C2	380×480	12.0	45.9	11,050	2,632	3,600	1,120
3	2-6-4	7	1C2	380×480	12.0	45.9	10,140	2,627	3,595	1,120
4	2-6-4	8	1C2	380×480	12.0	45.9	10,140	2,627	3,595	1,120
5	2120	10	C1	406×610	11.0	50.2	10,439	2,438	3,813	1,250
6	2120	11	C1	406×610	11.0	50.2	10,439	2,438	3,813	1,250

藤田炭礦宗谷鉱業所小石専用線　小石～鉱業所 1.7km

項目	形 式	番 号	軸配置	気筒径×行程 mm	実用最高気圧 kg/cm²	運転整備重量 ton	最大長 mm	最大幅 mm	最大高 mm	動輪直径 mm
1		1102	2BT	406×610	12.0	48.0	11,381	2,438	3,808	1,520
2		5560	2BT	406×559	12.0	31.7	13,910	2,286	3,612	1,400
3		8104	1CT	432×610	11.3	37.8	15,062	2,419	3,772	1,220
4		8112	1CT	432×610	11.3	37.8	15,062	2,419	3,772	1,220

製造所 製番	製造年月	設計認可# 竣功届* 使用開始$	前所有	旧番号	廃車年月 (用途廃止)	備考 設計認可# 竣功届* 入線◇ 使用開始$
機械	S17.01	S23.10 $ S25.04 #	日本冶金 加悦鉄道	101	S39.08	日本冶金 101 (S17.ーー)→廃車 (S24.09)⇒雄別炭礦尺別 101 (S23.10 $)→廃車
dwin 426	T11.05	S27.04 #	国鉄	1311	S32.04	北海道鉄道 4 (T12.02*)→鉄道省 買収 1311 (S18.08) →雄別炭礦尺別 1311 借入 (S23.06)→国鉄 廃車 1311 (S24.10)→払下 (S26.03) ⇒雄別炭礦尺別 1311 (S27.05*)→廃車
th British 40	M36.ーー	S27.04 #	国鉄	2196	S34.10	鉄道作業局 389⇒陸軍野戦部隊提理部 389 (M37.ーー)⇒南満州鉄道 移管 389 (M40.01) ⇒内地環送 (M41.ーー)→鉄道院 改番 2196 (M42.10)→国鉄 廃車 2196 (S25.06) ⇒雄別炭礦尺別 借入 2196 (S25.09)→譲渡 (S27.05*)→廃車
iner 3	M37.ーー	S25.06 #	運輸省	2411	S33.05	陸軍野戦部隊提理部 406⇒鉄道作業局 移管 406 (M39.09) →鉄道院 改番 2411 (M42.10)→運輸省 廃車 2411 (S24.03) ⇒雄別炭礦尺別 入線 2411 (S24.08)(S25.06#)→廃車
大阪 5	S08.12	S33.06 # S33.07 $	雄別炭礦	C12 56	S45.04	鉄道省 C12 56→運輸通信省 廃車 C12 56 (S19.09)→相模鉄道 C12 56 (S19.09#) →事故 (S25.01)→廃車→茨城交通 C12 56 (S25.01#)→廃車 →雄別炭礦 C12 56 (S26.09) (S27.01*)→廃車 (S32.12) ⇒雄別炭礦尺別 C12 56 (S33.06#)→廃車
造船所	S09.11	S35.02 #	国鉄	C12 96	S45.04	鉄道省 C12 96→国鉄 廃車 C12 96 (S34.03)⇒雄別炭礦尺別 C12 96 (S35.02#)→廃車
本店 6	S23.03	S28.02 #	土佐電鉄	C12001	S45.04	土佐電気鉄道 C12001 (S22.09#)→廃車 (S26.07)⇒雄別炭礦尺別 C12001 (S27.06#)→廃車

製造所 製番	製造年月	設計認可# 竣功届* 使用開始$	前所有	旧番号	廃車年月 (用途廃止)	備考 設計認可# 竣功届* 入線◇ 使用開始$
作業局 工場 3	M37.08	S16.03 #	雲仙鉄道	22	S37.ーー	日本鉄道 402⇒通信省鉄道局 買収 402 (M39.11)→鉄道院 改番 1041 (M42.10) →鉄道省 廃車 1041 (T14.05)⇒小濱地方鉄道 2 (S02.02#)→小濱鉄道 改称 2 (S02.05) ⇒雲仙鉄道 改称 2 (S08.07)→改番 22 (S11.01*)→廃車 (S13.08) →明治鉱業庶路 1 (S16.03)→廃車
工機械	S16.09	S17.03 #			S37.08	明治鉱業庶路 2 (S17.03#)→廃車
崎車輌 19	S08.02 S08.09	S37.06 #	国鉄	C12 14	S39.ーー	鉄道省 C12 14→国鉄 廃車 C12 14 (S36.12)⇒明治鉱業庶路 C12 14 (S37.03#)→廃車

製造所 製番	製造年月	設計認可# 竣功届* 使用開始$	前所有	旧番号	廃車年月 (用途廃止)	備考 設計認可# 竣功届* 入線◇ 使用開始$
車本店 2	S04.09	S04.10 $			S40.02	
車本店 4	S12.08	S12.08 $			S40.02	
車本店 7	S16.08	S16.09 $			S39.02	
車本店 2	S18.03	S18.11 $			S40.02	
orth British 7063	M38.ーー	S25.12 $	国鉄	2356	S39.02	鉄道作業局 1090→鉄道院 2356 改番 (M42.10)→国鉄 廃車 2356 (S24.10) →釧路臨港鉄道 10 入線 (S25.12)(S26.06$)→廃車→解体 (S39.04)
orth British 5931	M38.ーー	S27.02 $	国鉄	2381	S39.02	北海道礦業鉄道 21→帝国鉄道庁 買収 21 (M40.07)→鉄道院 改番 2381 (M42.10) →国鉄 廃車 2381 (S25.10)⇒釧路臨港鉄道 11 (S25.12◇)認可 (S26.12#)→廃車→解体 (S39.04)

製造所 製番	製造年月	設計認可# 竣功届* 使用開始$	前所有	旧番号	廃車年月 (用途廃止)	備考 設計認可# 竣功届* 入線◇ 使用開始$
eilson 648	M33.ーー	S25.ーー	日曹炭礦天塩	1102		鉄道作業局 615 (M30.09)→鉄道院 改番 6233 (M42.10) →鉄道省 改番 1102 (T15.10)→鉄道省 廃車 1102 (S13.11) ⇒日曹炭礦天塩 1102 (S15.01#)→廃車 (S24.06)⇒藤田炭礦宗谷 1102 (S25.ーー)→廃車
ayer Peacock 020	M31.ーー	S25.04	鉄道省	5560		日本鉄道 195⇒通信省鉄道局 買収 195 (M39.11)→鉄道院 改番 5560 (M42.10) →関東大震災 被災焼失 (T12.09)→鉄道省 廃車 (S13.08) ⇒日曹炭礦天塩 5560 (S15.01)→藤田炭礦宗谷 5560 (S25.04)→廃車
aldwin 5485	M30.09		定山渓鉄道	8104	S42.03	鉄道作業局 276 (M30.09)→鉄道院 改番 8104 (M42.10)→国鉄 廃車 8104 (S25.01) ⇒定山渓鉄道 8104 (S26.12#)→廃車 (S32.12)⇒藤田炭礦宗谷 8104 (S32.12)→廃車
aldwin 5493	M30.09	S26.02	国鉄	8112	S42.03	鉄道作業局 284 (M30.09)→鉄道院 改番 8112 (M42.10)→国鉄 廃車 8112 (S25.06) ⇒藤田炭礦宗谷 8112 (S32.12)→廃車

日曹炭礦天塩鉱業所専用鉄道（豊富炭礦鉄道）豊富～六坑　20.2km

項目	形式	番号	軸配置	気筒径×行程 mm	実用最高気圧 kg/cm²	運転整備重量 ton	最大長 mm	最大幅 mm	最大高 mm	動輪直径 mm
1	2850	12	1C	330×559	9.8	33.5 34.1	8,890	2,337	3,531	1,321
2	7200	7228	1CT	432×559	12.0	39.7	13,520	2,273	3,708	1,219
3	8100	8113	1CT	432×610	12.0	37.9	15,062	2,419	3,772	1,220
4	9600	9615	1DT	508×610	13.0	60.4	16,563	2,616	3,813	1,250
5	9600	9643	1DT	508×610	13.0	60.4	16,563	2,616	3,813	1,250
6	9600	19669	1DT	508×610	13.0	60.4	16,563	2,616	3,813	1,250
7	9600	49678	1DT	508×610	13.0	60.4	16,563	2,616	3,813	1,250

茅沼炭鉱茅沼鉱業所専用鉄道、茅沼炭化鉱業専用鉄道　岩内～発足 6.3km

項目	形式	番号	軸配置	気筒径×行程 mm	実用最高気圧 kg/cm²	運転整備重量 ton	最大長 mm	最大幅 mm	最大高 mm	動輪直径 mm
1	0-6-0 C15	C1	C	360×480	13.0	30.0	8,620	2,665	3,500	970
2	8100	8111	1CT	432×610	11.3	41.5	15,062	2,419	3,772	1,220
3	8100	8119	1CT	432×610	11.3	41.5	15,062	2,419	3,772	1,220

運輸工業桑園事業所専用線

項目	形式	番号	軸配置	気筒径×行程 mm	実用最高気圧 kg/cm²	運転整備重量 ton	最大長 mm	最大幅 mm	最大高 mm	動輪直径 mm
1		1	1CT	356×457	10.0	25.85	13,478	2,273	3,710	1,070

北日本製紙江別工場専用鉄道（←王子製紙江別工場）

項目	形式	番号	軸配置	気筒径×行程 mm	実用最高気圧 kg/cm²	運転整備重量 ton	最大長 mm	最大幅 mm	最大高 mm	動輪直径 mm
1	1000	1	C	406×610	11.0	48.0	11,381	2,740	3,808	1,520
2		2	C		11.3	23.0				800

日本甜菜製糖十勝清水工場専用鉄道

項目	形式	番号	軸配置	気筒径×行程 mm	実用最高気圧 kg/cm²	運転整備重量 ton	最大長 mm	最大幅 mm	最大高 mm	動輪直径 mm
1	A1	A1	C	306×400	12.7	20.3	6,855	2,690	3,270	787

日本甜菜製糖美幌工場

項目	形式	番号	軸配置	気筒径×行程 mm	実用最高気圧 kg/cm²	運転整備重量 ton	最大長 mm	最大幅 mm	最大高 mm	動輪直径 mm
1	2500	2653	C1	406×610	10.6	49.98	10,144	2,438	3,808	1,250
2	7270	7270	1CT	381×457	11.0	31.4	13,943	2,286	3,539	1,070
3	7270	7271	1CT	381×457	10.0	31.4	13,943	2,286	3,539	1,066

製造所 製番	製造年月	設計認可# 竣功届* 使用開始$	前所有	旧番号	廃車年月 (用途廃止)	備考 設計認可# 竣功届* 入線☆ 使用開始$
...burgh 9	M30.--	S14.12*	馱知鉄道	11	S30.10	伊賀鉄道 1(未開業)⇒阪鶴鉄道 12⇒帝国鉄道庁 買収 12→鉄道院 改番 2850(M42.10) →鉄道省 廃車 2850(T12.06)⇒馱知鉄道 11(T12.07)→廃車(S13.11) ⇒日曹鉱業 12(S13.11)→日曹鉱業天塩 12(S24.12)→廃車
...twin 41	T14.11	S29.03# S29.04*	運輸省	7225	S33.10	北海道鉄道 7Ⅱ→鉄道省 買収 7225(S23.08)→日本曹達天塩 借入 7225(S23.04) →運輸省 廃車 7225(S23.10)⇒日曹炭礦天塩 7225(S29.03)→改番 7228→廃車
...twin 94	M30.09	S27.07*	国鉄	8113	S35.10	鉄道作業局 285→鉄道院 改番 8113(M42.10)→国鉄 廃車 8113(S25.01) ⇒日曹炭礦天塩 8113→休車(S33.10)→廃車
...船	T03.01	S23.10 S24.11*	運輸省	9615	S47.09	鉄道院 9615(T03.02)→運輸省 廃車 9615(S23.10)⇒日曹炭礦天塩 9615(S24.11*) →廃車→江別市 個人 保存(S49.01)⇒日本鉄道保存協会 移管(H23.10)
...船	T03.09	S23.12 S24.11*	運輸省	9643	S47.09	鉄道院 9643(T04.01$)→運輸省 廃車 9643(S23.06)⇒日曹炭礦天塩 9643(S24.11*) →廃車⇒サッポロビール園 到着(S48.12)⇒JRニセコ駅・転車台前 保存(H29.06)
...船	T07.05	S35.03*	国鉄	19669	S43.03	鉄道院 19669(T07.03$)→国鉄 廃車 19669(S33.06) ⇒日曹炭礦天塩 19669(S35.03*)→廃車
...船	T10.08	S36.08 S37.02*	国鉄	49678	S47.09	鉄道院 49678(T10.08$)→国鉄 廃車 46978(S36.02) ⇒日曹炭礦天塩 49678(S37.02*)→廃車(S47.--)⇒豊富町森林自然公園→解体

製造所 製番	製造年月	設計認可# 竣功届* 使用開始$	前所有	旧番号	廃車年月 (用途廃止)	備考 設計認可# 竣功届* 入線☆ 使用開始$
重工業	S18.--	S21.10			S26.12	
...dwin 92	M30.07	S27.02	運輸省	8111	S37.11	通信省鉄道局 283(M30.09)→鉄道院 8111(M42.10)→運輸省 廃車 8111(S24.10) ⇒茅沼炭化鉱業 8111(S26.12#)(S27.02○)→廃車(S37.11) ⇒寿都鉄道 8105Ⅱ 現車振替(S38.06)→ 休止時 在籍(S43.08)
...dwin 00	M30.07	S26.04	運輸省	8119	S37.11	通信省鉄道局 291(M30.09)→鉄道院 8119(M42.10) ⇒茅沼炭化鉱業 借入 8119(S23.01～S23.03)→運輸省 廃車 8119(S23.05) ⇒茅沼炭化鉱業 8119(S24.04#)(S26.04)→廃車(S37.11) ⇒寿都鉄道 8108Ⅱ 現車振替(S38.06)→ 休止時 在籍(S43.08)

製造所 製番	製造年月	設計認可# 竣功届* 使用開始$	前所有	旧番号	廃車年月 (用途廃止)	備考 設計認可# 竣功届* 入線☆ 使用開始$
...dwin 149	M29.12	S27.07*	雄別炭礦尺別	7221	S35.04&13	北海道炭礦鉄道 43⇒通信省鉄道局 買収 43(M39.10)→鉄道院 改番 7221(M42.10) →熱海建設事務所→廃車(S10.--)⇒大和鉱業浦幌 7221(S10.04) →雄別炭礦鉄道 7221(S13.04)→雄別炭礦尺別 7221(S17.11) →運輸工業 7221 借入(S25.12)→運輸工業 1(S27.07)→廃車　&13事業廃止

製造所 製番	製造年月	設計認可# 竣功届* 使用開始$	前所有	旧番号	廃車年月 (用途廃止)	備考 設計認可# 竣功届* 入線☆ 使用開始$
...smyth Wilson 9	M21.--		定山渓鉄道	1113	S39.04	山陽鉄道 8⇒北海道炭礦鉄道 18(M24.--)⇒通信省鉄道局 買収 18(M39.10) →鉄道院 改番 1113(M42.10)→廃車 1113(T07.09)⇒定山渓鉄道 1113(T07.03#) →譲渡(T09.11☆)⇒王子製紙江別工場(契約ハ富士製紙)1(S24.11)→改称 1(S24.11) →北日本製紙江別 改称 1(S24.11)
...ppel 322	T11.10					王子製紙江別 2(T11.10)→北日本製紙江別 2(S24.11)→火災焼失(S38.03)

製造所 製番	製造年月	設計認可# 竣功届* 使用開始$	前所有	旧番号	廃車年月 (用途廃止)	備考 設計認可# 竣功届* 入線☆ 使用開始$
...ppel 41	T09.--	S27.07#	十勝鉄道	12	S42.05	日本甜菜製糖 1(T10.01)⇒明治製糖 合併(T12.06)→河西鉄道 A1(T13.11) ⇒十勝鉄道清水部 12(S03.02*)→廃車(S26.07)⇒日本甜菜製糖 A1→廃車

製造所 製番	製造年月	設計認可# 竣功届* 使用開始$	前所有	旧番号	廃車年月 (用途廃止)	備考 設計認可# 竣功届* 入線☆ 使用開始$
...aldwin 6608	M38.10	S33.07#	十勝鉄道	2653	S35.06	陸軍野戦部隊堤理部 1187⇒鉄道作業局 移管 1187(M39.09)→鉄道院 改番 2653(M42.10)→運輸省 廃車 2653(S25.06) ⇒十勝鉄道 帯広部入線 2653(S26.11)(S27.02*)→廃車(S33.04) ⇒日本甜菜製糖美幌 移管 2653(S33.03)→廃車
...rooks 675	M33.10	S34.10	日本甜菜製糖 磯分内工場	7270	S35.10	北海道官設鉄道 13→鉄道作業局 13(M38.04)→鉄道院 改番 7270(M42.10) →鉄道省 廃車 7270(S10.01)⇒日本甜菜製糖磯分内 7270(S15.04*) →北海道興農工業磯分内 改称 7270(S19.09)→日本甜菜製糖 改称 7270(S22.09) →日本甜菜製糖美幌工場 移管 7270(S34.10)→返却→廃車
...rooks 676	M33.10	S15.04#	日本甜菜製糖 磯分内工場	7271	S36.10	北海道官設鉄道 14→鉄道作業局 14(M38.04)→鉄道院 改番 7271(M42.10) →鉄道省 廃車 7271(S10.01)⇒北海道製糖磯分内 7271(S15.04$) →北海道興農工業磯分内 改称 7271(S19.09)→日本甜菜製糖 改称 7271(S22.09) →日本甜菜製糖美幌工場 移管 7271(S34.10)→廃車→解体(S37.08)

日本甜菜製糖磯分内工場

項目	形式	番号	軸配置	気筒径×行程 mm	実用最高気圧 kg/cm²	運転整備重量 ton	最大長 mm	最大幅 mm	最大高 mm	動輪直径 mm
1		1	B	229×355	8.4	12.0	6,353	2,030	2,560	694
2	100	104	1C1	400×500	12.0	40.5	9,440	2,650	3,869	1,180
3	7270	7270	1CT	381×457	11.0	31.4	13,943	2,286	3,539	1,070
4	7270	7271	1CT	381×457	10.0	31.4	13,943	2,286	3,539	1,066

北海道炭礦汽船角田鉱業所専用鉄道（電車）　夕張鉄道 新二岐～角田炭礦 4.7km

項目	形式	番号	車体寸法			自重(荷重) ton	軸配置定員(座席)	台車			制御器		主電動機		
			最大長 mm	最大幅 mm	最大高 mm			製造所	形式	軸距 mm	製造所	形式 制御方式	製造所	形式	出力k ×台数
1	1 L14004		8,200	2,438	3,370	9.1	44 (20)	川崎車輌	Brill21E系	2134	川崎車輌	KS2-3136 直接制御	川崎車輌	K6-253-B	22.4×
2	2 L14005		8,200	2,438	3,370	9.1	44 (20)	川崎車輌	Brill21E系	2134	川崎車輌	KS2-3136 直接制御	川崎車輌	K6-253-B	22.4×

日本セメント上磯工場専用鉄道（電気機関車・客車）　上磯～峨朗鉱山 ～万太郎沢鉱業所 10.04km

項目	形式	番号	車体寸法			自重(荷重) ton	軸配置定員(座席)	台車			制御器		主電動機		
			最大長 mm	最大幅 mm	最大高 mm			製造所	形式	軸距 mm	製造所	形式 制御方式	製造所	形式	出力k ×台数
1	31-C	1	6,096	2,133	3,416	16.5	B	汽車大阪		2,133	東洋電機	DB1-K3C 直接制御	東洋電機	TDK31-C	44.7×
2	31-C	2	6,096	2,133	3,416	16.5	B	汽車大阪		2,133	東洋電機	DB1-K3C 直接制御	東洋電機	TDK31-C	44.7×
3	31-C	3	6,096	2,133	3,416	16.5	B	汽車大阪		2,133	東洋電機	DB1-K3C 直接制御	東洋電機	TDK31-C	44.7×
4	31-C	5	6,096	2,133	3,416	16.4	B	汽車大阪		2,133	東洋電機	DB1-K3D 直接制御	東洋電機	TDK31S-C	44.7×
5	500FG	6	1,010	2,400	3,950	28.2	BB	日車本店	板台枠	2,100	東洋電機	電磁空気単位SW 間接非自動制御	東洋電機	TDK550/1-G	52.2×
6	103-GR	7	9,920	2,160	3,900	25.0	BB	日立笠戸	釣り合い梁	1,900	日立製作所	電磁空気単位SW 間接非自動制御	日立製作所	HS-103-CR	41.0×
7	5001-G	8	10,500	2,599	3,966	29.0	BB	東洋工機	板台枠	2,100	東洋電機	電磁空気単位SW 間接非自動制御	東洋電機	TDK550/10-G	55.9×
8	545-A	9	10,830	2,600	3,896	35.0	BB	東洋工機	板台枠	2,350	東洋電機	電磁空気単位SW 間接非自動制御	東洋電機	TDK545-A	100.0×
9	545-B	10	10,830	2,600	3,896	35.0	BB	東洋工機	板台枠	2,350	東洋電機	電磁空気単位SW 間接非自動制御	東洋電機	TDK545-B	110.0×
10		201	6,796	2,593	3,085	7.40	50 (28)			3,250					
11		202	4,098	2,514	2,858	4.50	30 (15)			2,100					
12		203													
13		204													

北海道炭礦汽船平和鑛業所真谷地炭鉱専用鉄道（内燃機関車・客車）　沼ノ沢～真谷地 4.5km

項目	形式	記号番号	車体寸法			自重(荷重) ton	軸配置定員(座席)	台車			内燃機関			変速機
			最大長 mm	最大幅 mm	最大高 mm			製造所	形式	軸距 mm	製造所	形式	連続出力(馬力)	
1	HG-45BB	ND-01	11,700	2,700	3,935	45.0	BB					DMF31SB	500/1500×1	CBF138
2	DD1000	DD1002	13,600	2,950	3,849	56.0	BB	日立笠戸	DT113	2,200	新潟鉄工	DMF31SBI	600/1500×2	DBS138
3	ホハ2200	ホハ1	16,032	2,576	3,799	19.1	120			1,676				
4	コハフ1	コハフ1	13,350	2,700	3,700	14.7	64 (34)			2,160				
5	ハニ1	ハニ1	8,600	2,680	3,885	7.7 (2.0)	16			3,900				

製造所 製番	製造年月	設計認可# 竣功届* 使用開始$	前所有	旧番号	廃車年月(用途廃止)	備考　設計認可#　竣功届*　入線☆　使用開始$
kenheimer er		S27.03#	十勝鉄道	1	S34.09	日本車輌本店⇒北海道製糖 (T09.--)⇒十勝鉄道 1 (T11.05#)⇒日本甜菜糖帯広 改称 (S05.--) 1 (S07.05#)⇒日本甜菜製糖磯分内 1 (S27.03#)→廃車 (S26.09)
oel 42	T11.10	S33.12#	雄別炭礦	104	S36.11	雄別炭礦鉄道 104→106(機番交換?)→廃車 (S33.08)⇒日本甜菜製糖磯分内専用線 104 (S33.12#)→廃車 (S34.09)
oks 5	M33.10	S34.10	鉄道省	7270		北海道官設鉄道 13→鉄道作業局 13 (M38.04)→鉄道院 改番 7270 (M42.10)→鉄道省 廃車 7270 (S10.01)⇒北海道製糖磯分内 7270 (S15.04#)→北海道興農工業磯分内 改称 7270 (S19.09)→日本甜菜製糖 改称 7270 (S22.09)→日本甜菜製糖美幌工場 移管 7270 (S34.10)→廃車
oks 6	M33.10	S15.04#	鉄道省	7271		北海道官設鉄道 14→鉄道作業局 14 (M38.04)→鉄道院 改番 7271 (M42.10)→鉄道省 廃車 7271 (S10.01)⇒北海道製糖磯分内 7271 (S15.04#)→北海道興農工業磯分内 改称 7271 (S19.09)→日本甜菜製糖 改称 7271 (S22.09)→日本甜菜製糖美幌工場 移管 7271 (S34.10)→廃車・解体 (S37.08)

専用鉄道開業(1934-04-01)　角田炭礦継承(1954-07)　廃止(1965-06)

製造所 製番	製造年月 #認可 *竣功届	改造所	製造年月 #認可 *竣功届	改造内容	前所有	旧番号	廃車年月(用途廃止)	備考　設計認可#　増加届　竣工届*
車輌	S04.07		S27.12*		旭川市街	3	S40.07	旭川市街軌道 3 (S10.10*)→廃車 (S26.06)⇒北炭角田 1 (S27.12*)→廃車
車輌	S04.07		S27.12*		旭川市街	20	S40.07	旭川市街軌道 20 (S10.10*)→廃車 (S26.06)⇒北炭角田 2 (S27.12*)→廃車

北海道セメント 使用開始(1915-04-06)　浅野セメント 合併(1915-07)　日本セメント 改称(1947-05)　輸送廃止(1989-10-03)

製造所 製番	製造年月 #認可 *竣功届	改造所	製造年月 #認可 *竣功届	改造内容	前所有	旧番号	廃車年月(用途廃止)	備考　設計認可#　増加届　入線☆　竣工届*
洋電機 車大阪 5	T11.08	自社工場	S11.--	集電装置変更(ポール→パンタグラフ)			S55.06	1 (T11.11☆)
洋電機 車大阪 6	T11.08	自社工場	S11.--	集電装置変更(ポール→パンタグラフ)			S59.--	2 (T11.11☆)　東洋電機横浜工場保存 (S60.05)
洋電機 車大阪 7	T11.08	自社工場	S11.--	集電装置変更(ポール→パンタグラフ)			S55.06	3 (T11.11☆)
洋電機 車大阪 6	T12.12	自社工場	S11.--	集電装置変更(ポール→パンタグラフ)				上磯町運動公園保存 (S63.10)
洋電機 車本店	S10.11	自社工場						
立笠戸 441	S23.07 S24.07	自社工場	S52.01#	散水装置設置				
洋電機 車本店 26	S27.07 S28.06#	自社工場						
洋電機	S34.04	自社工場	S54.--	デッドマン装置取付				
洋電機	S36.03 S36.07#	自社工場	S54.--	デッドマン装置取付				
社工場	S31.09#		S42.07#	車内側手制動撤去(車外手制動は存置)				人車(便乗車)
社工場	S31.09#							人車(便乗車)
社工場								人車(便乗車)
社工場								人車(便乗車)

運輸開始(1913-12-15)　旅客営業廃止(1966-09-03)　廃止(1987-10-13)

製造所 製造番号	製造年月	設計認可# 竣功届* 使用開始$	改造所	改造年月認可*年月	改造内容	前所有	旧番号	廃車年月(用途廃止)	備考　設計認可#　竣功届*　入線☆　使用開始$
日立笠戸 3280	S49.07	S52.05#				北炭新鉱	01		北海道炭礦汽船新鉱 01 (S54.09☆)⇒北炭真谷地 ND-01 (S52.05#)→廃車
日立笠戸 3040	S44.04	S50.04				夕張鉄道	D1002	S62.--	夕張鉄道 DD1002 (S44.04#)→廃車 (S50.04)⇒北炭真谷地 DD1002 (S50.04#)→廃車
鉄道作業局新橋工場	M32.03	S27.01#		S27.08# S31.01#	長手座席化 車体改造	鉄道省	ホハ2210	S41.09	作業局 ハボ96→ホハ6593 (M44.01)→ホハ6586 (T07.11)→ホハ2210 (S03.10)→廃車⇒北炭真谷地 ホハ2210 (S27.01#)→廃車
北炭手宮	M31.05	S16.10#	旭鉄工機	S18.05# S32.-- S36.08#	車体新造 車体改造 緩急車化改造 台車換装	夕張鉄道	コハ1	S41.09	北海道炭礦鉄道 に8→通信省鉄道 買収 フコロハ5670 (M39.10)⇒夕張鉄道 フコロハ5670 (T14.10)→コロハ1 (T15.11)→コハ1 (S10.09)→鉄道省 (S16.09)⇒北炭真谷地 コハ1 (S16.10#)→コハ1 (S32.--)→廃車
		S18.05#						S41.09	

北海道炭礦汽船美流渡専用鉄道→北星炭礦美流渡礦専用鉄道（客車）　美流渡～上美流渡炭山～緑 3.2km

項目	形式	記号番号	車体寸法			自重(荷重)ton	軸配置定員(座席)	台車			内燃機関			変速機
			最大長 mm	最大幅 mm	最大高 mm			製造所	形式	軸距 mm	製造所	形式	連続出力(馬力)	
1	ハ	ハ1	8,180	2,591	3,485	7.0				3,810				
2	ハ	ハ2	8,130	2,740	3,525	8.1	36			3,660				
3	ワ	ワ1	6,248	2,475	3,658	6.5				3,045				

三菱鉱業芦別鉱業所専用鉄道（客車）　上芦別～辺渓三坑　8.2km

項目	形式	記号番号	車体寸法			自重(荷重)ton	軸配置定員(座席)	台車			内燃機関			変速機
			最大長 mm	最大幅 mm	最大高 mm			製造所	形式	軸距 mm	製造所	形式	連続出力(馬力)	
1	ハ1	1	8040	2690	3490	6.5	50(30)			3,810				
2	ハ10	11	7,912	2,502	3,645	6.6	38			3,810				
3	ハ10	12	7,912	2,502	3,645	6.6	38			3,810				
4	ハ10	15	7,747	2,286	3,645	6.6	40			3,810				
5	ハ10	16	7,747	2,286	3,645	6.6	40			3,810				
6	ホハ1	ホハ1	16,700	2,730	3,760	21.7	68(38)		TR10系	2,438				
7	ホハ1	ホハ2	16,700	2,730	3,760	21.7	68(38)		TR10系	2,438				
8	ホハ1	ホハ3	14,732	2,745	3,725	19.7	60(34)			1,676				

三菱鉱業茶志内炭礦専用鉄道（客車）茶志内～鉱業所 2.2km

項目	形式	記号番号	車体寸法			自重(荷重)ton	軸配置定員(座席)	台車			内燃機関			変速機
			最大長 mm	最大幅 mm	最大高 mm			製造所	形式	軸距 mm	製造所	形式	連続出力(馬力)	
1	ハ10	ハ2	7,912	2,502	3,339	8.6	22			3,810				
2	ハ10	ハ12	7,912	2,620	3,645	6.6	38			3,810				

三井鉱山砂川鉱業所奈井江専用鉄道（客車）　奈井江～東奈井江 10.1ｋm

項目	形式	記号番号	車体寸法			自重(荷重)ton	軸配置定員(座席)	台車			内燃機関			変速機
			最大長 mm	最大幅 mm	最大高 mm			製造所	形式	軸距 mm	製造所	形式	連続出力(馬力)	
1	2850	ホハフ1	16,045	2,700	3,700	23.5	82		TR11	2,450				
2	2630	ホハフ2	15,791	2,640	3,855	20.4	72			1,676				
3	ナハフ3600	ナハフ3	15,919	2,730	3,890	23.4	72		TR11	2,450				
4	ナハフ15500	ナハフ4	16,782	2,740	3,880	25.6 23.8	72		TR10系	2,438				
5	ナハフ12000	ナハフ5	16,782	2,740	3,778	22.0	72		TR10系	2,438				
6	ナハフ14100	ナハフ6	16,782	2,718	3,737	25.8	72		TR11	2,450				

製造所 製造番号	製造年月	設計認可# 竣功届* 使用開始$	改造所	改造年月 認可年月#	改造内容	前所有	旧番号	廃車年月 (用途廃止)	備考　設計認可# 竣功届* 使用開始$
省鉄道局 岡工場	M28.09	S32.11*				国鉄	ヨ420	S42.10&1	通信省 ハ388→鉄道作業局 ハ388(M30.08)→ハ1088(M44.01)→鉄道省 ヨ76422(T07.09)→ヨ3420(S03.10)→鉄道省 廃車→北炭美流渡 ヨ3420(S26.07*)→ハ1(S32.09)→廃車　&1専用鉄道廃止年月
工場	T01.--	S26.02				運輸通信省	ハ1191	S42.10&2	富士身延鉄道 ハユフ1(T10.04*)→クユニ1(S02.06#)→廃車(S14.05)→胆振縦貫鉄道 ハ3(S15.11#)→運輸通信省 買収 ハ1191Ⅱ(S19.07)→国鉄 廃車(S25.11)⇒北炭美流渡 ハ2(S21.10)→北星美流渡 ハ2(S35.12)→廃車　&2専用鉄道廃止年月
作業局 工場	M33.--	S24.04#		S32.09	代用客車化	運輸省	ワ6555	S42.10&3	鉄道作業局 ワ1169～1733→ワ17777(T07.09)→ワ56843→ワ6555(S03.10)→廃車⇒北炭美流渡 ワ6555(S26.08*)→ワ1 代用客車(S32.09)→廃車　&3専用鉄道廃止年月

製造所 製造番号	製造年月	設計認可# 竣功届* 使用開始$	改造所	改造年月 認可年月#	改造内容	前所有	旧番号	廃車年月 (用途廃止)	備考　設計認可# 竣功届* 使用開始$
岡工場	M28.10	S26.10				西武鉄道	ハ1		川越鉄道 よた1→よ1(M44.02)→武蔵水電(T09.06)→西武鉄道Ⅰ(T11.08)→ロ1(T13.07)→ハ1(S14.07)⇒三菱鉱業芦別 ハ1→廃車
作業局 橋工場	M40.08	S25.03#				美唄鉄道	ハ11	S37.--	鉄道作業局 よさ49→フハ3432(M44.01)→鉄道院 廃車(T04.06)⇒石狩石炭 フハ3432(T03.11#)→三菱美唄 は1(T05.03#)→ハ11(S03.09#)→廃車(S24.10)⇒三菱鉱業芦別 ハ12(S25.03#)→三菱美唄 ハ12(S37.06#)→廃車
作業局 橋工場	M40.08	S37.03				美唄鉄道	ハ12	S37.--	鉄道作業局 よさ47→フハ3430(M44.01)→鉄道院 廃車(T04.06)⇒石狩石炭 フハ3430(T04.03)→三菱美唄 は2(T05.03#)→ハ12(S03.09#)→三菱鉱業芦別 ハ12(S25.03#)→三菱美唄 ハ12(S37.06#)→廃車(S38.03)⇒三菱鉱業茶志内 ハ12(S37.--)→廃車
藤工場	T09.03	S26.11#				美唄鉄道	ハ15		美唄鉄道 は5(T09.04)→ハ15(S03.09#)→廃車(S26.05)⇒三菱鉱業芦別 ハ15→廃車
藤工場	T09.03	S26.11#				美唄鉄道	ハ16		美唄鉄道 は6(T09.04)→ハ16(S03.09#)→廃車(S26.05)⇒三菱鉱業芦別 ハ16→廃車
車支店	S10.--	S29.08#	協和工業	S31.05# S31.11	鋼体化	国鉄	ホハ 13024		鉄道院 ホハ6810(M44.05)→鉄道省 ホハ12008(S03.10)→ホハ13024(S18.03)→国鉄 廃車(S28.12)⇒三菱鉱業芦別 ホハ13024(S29.08#)→ホハ1(S31.05)→廃車
車支店	S10.--	S29.08#	協和工業	S31.05# S31.11	鋼体化	国鉄	ホハ 13026		鉄道院 ホハ6812(M44.05)→鉄道省 ホハ12010(S03.10)→ホハ13026(S18.03)→国鉄 廃車(S28.12)⇒三菱鉱業芦別 ホハ13026(S29.08#)→ホハ2(S31.05)→廃車
道院 川工場	M43.--	S34.01#				三菱大夕張	ホハ2		鉄道院 ホハ6806→フホハ7901Ⅱ(M45.02)→ホハフ7901Ⅱ(T04.03)→ホハユニ18331(S03.02)→ホハユニ3851(S03.10)→運輸省 廃車(S23.12)⇒三菱大夕張 ホハ2(S26.06#)→廃車(S33.10)→廻送(S33.11)⇒三菱鉱業芦別 ホハ2(S34.01#)→ホハ3(S35.05)→廃車

製造所 製造番号	製造年月	設計認可# 竣功届* 使用開始$	改造所	改造年月 認可年月#	改造内容	前所有	旧番号	廃車年月 (用途廃止)	備考　設計認可# 竣功届* 使用開始$
鉄道作業局 橋工場	M40.08	S37.03#	井出組	S26.12	鋼体化	三菱大夕張	ハ2	S38.03	北海道官設鉄道 ヘ8→鉄道作業局 フハ3391(M44.01)→鉄道省 廃車(S04.02)⇒三菱美唄 フハ3391(S04.05#)→三菱芦別 ハ2(S04.06#)→三菱鉱業茶志内 ハ2(S37.03#)→廃車
鉄道作業局 橋工場	M40.08	S37.06#				三菱鉱業芦別	ハ12	S38.03	鉄道作業局 よさ47→鉄道院 フハ3430(M44.01)→ 鉄道院 廃車(T04.06)⇒石狩石炭 フハ3430(T04.03)→美唄鉄道 は2(T05.03)→ハ12(S03.09)→三菱鉱業芦別 ハ12(S24.10*)→三菱美唄 ハ12(S37.06#)→廃車

製造所 製造番号	製造年月	設計認可# 竣功届* 使用開始$	改造所	改造年月 認可年月#	改造内容	前所有	旧番号	廃車年月 (用途廃止)	備考　設計認可# 竣功届* 使用開始$
鉄道院 大宮工場	M41.-- M42.03	S26.06#		S36.04#	車体改造・長手座席化	国鉄	ホハフ 2858	S42.10	日本鉄道 は391→鉄道作業局 買収 391(M39.11)→ホハフ77550(M44.--)→鉄道省 改番 ホハフ2858(S03.10)→国鉄 廃車(S25.08)⇒三井鉱山奈井江 ホハフ1(S26.07*)→廃車
日本鉄道 大宮工場	M36.02	S27.11#		S36.04#	車体改造・長手座席化	国鉄	ホハフ 2632	S42.10	日本鉄道 いろ65⇒鉄道作業局 買収 いろ65(M39.11)→鉄道院 改番 イネロ5054(M44.01)→鉄道省 改番 オロネロ5084(T09.06)→オロネロ253(S03.10)→ホハフ2632(S04.11)→国鉄 廃車(S27.03)⇒三井鉱山奈井江 ホハフ2(S27.11)→廃車
鉄道作業局 新橋工場	M40.12	S30.08#		S36.04#	車体改造・台車換装・長手座席化	国鉄	オニ9608	S42.10	鉄道作業局 シ12→鉄道院 改番 ナワシ9160(M44.01)→鉄道省 ホワシ9160(T13.11)→ホシ7700(S03.10)→オニ9608(S04.04)→国鉄 廃車(S27.03)⇒三井鉱山奈井江 ナハフ3(S30.08#)→廃車
鉄道院 苗穂工場	T04.12	S30.10#		S36.04#	長手座席化	国鉄	ナハニ 15551	S42.10	鉄道院 ホハニ8396(T04.12)→鉄道省 改番 ナハニ8396(T13.11)→ナハニ15551(S03.10)→国鉄 廃車(S29.12)⇒三井鉱山奈井江 ナハニ3(S30.10#)→廃車
		S26.03#		S36.06#	長手座席化	国鉄	ナル 17620	S42.10	鉄道院 ホハ6982(T01.08)→鉄道院 改番 ホハ12119(S03.10)→ナヤ16918→ナル17620(S31.10)⇒三井鉱山奈井江 ナハフ5(S26.03#)→廃車
鉄道院 大宮工場	M44.03	S34.09#		S36.04#	長手座席化	三井芦別鉄道	ナハフ1	S42.10	鉄道院 ホロフ75625→鉄道省 改番 ホロフ11212(S03.10)→ナハフ14405(S05.08)→国鉄 廃車(S30.03)⇒三井芦別 ナハフ1(S30.08#)→三井鉱山奈井江 ナハフ6(S34.09#)→廃車

三井鉱山砂川鉱業所奈井江専用鉄道（客車）続き

項目	形式	記号番号	車体寸法 最大長 mm	最大幅 mm	最大高 mm	自重(荷重) ton	軸配置定員(座席)	台車 製造所	形式	軸距 mm	内燃機関 製造所	形式	連続出力(馬力)	変速機
7	ナハフ19950	ナハフ7	19,783	2,720	3,750	25.5	100		TR11	2,450				
8	ナハフ29000	ナハフ8	20,002	2,790	3,900	24.8	120		TR11	2,450				

釧路開発埠頭（地方鉄道）（内燃機関車）　西港～新富士～北埠頭 3.8km

項目	形式	記号番号	車体寸法 最大長 mm	最大幅 mm	最大高 mm	自重(荷重) ton	軸配置定員(座席)	台車 製造所	形式	軸距 mm	内燃機関 製造所	形式	連続出力(馬力)	変速機
1	KD13	KD1301	13,600	2,960	3,930	55.0	BB	日車豊川	軸バネ式	2,200	新潟鉄工	DMF31SB	500/1500	DS1.2/1.3
2	KD13	KD1303	13,600	2,950	3,849	56.0	BB			2,200		DMF31SB	600/1500	DBS138
3	KD50	KD5002	11,700	2,662	3,600	50.0	BB			2,000		DMF31SB	500/1500	DS1.2/1.3

雄別炭礦尺別鉱業所専用鉄道→雄別炭礦尺別鉄道（地方鉄道）（客車）　尺別～尺別炭山 10.8km

項目	形式	記号番号	車体寸法 最大長 mm	最大幅 mm	最大高 mm	自重(荷重) ton	軸配置定員(座席)	台車 製造所	形式	軸距 mm	内燃機関 製造所	形式	連続出力(馬力)	変速機
1	ハフ1	ハフ1	8,040	2,690	3,650	6.5	54(22)			3,810				
2	ハフ1	ハフ2	8,040	2,690	3,650	6.5	54(22)			3,810				
3	ハ1	ハ3	8,040	2,690	3,650	6.3	54(22)			3,810				
4	ハ1	ハ4	8,040	2,690	3,650	6.3	54(22)			3,810				
5	ハ1	ハ5	8,040	2,730	3,650	6.5	54(22)			3,810				
6	ハ1	ハ6	7,940	2,740	3,580	6.7	54(34)			3,810				
7	ハ1	ハ7	8,103	2,740	3,580	7.6	54(34)			3,810				
8	ハフ11	ハフ11	8,521	2,682	3,857	8.2	22			3,809				
9	ハ10	ハ12	8,521	2,682	3,857	8.1	44			3,809				
10	ハ10	ハ13	8,521	2,682	3,857	8.1	44			3,809				
11	ハ10	ハ14	7,944	2,450	3,715	6.5	36			3,809				
12	ハフ15	ハフ15	8,268	2,642	3,835	7.0	36			3,809				
13	ハフ5	ハフ16	8,165	2,578	3,524	6.8	24			3,809				
14	ナハ12	ナハ13	16,620	2,720	3,650	20.2	64	日本車両	菱枠形	1,710				
15	ナハ11	ナハ14	15,774	2,900	3,886	26.5	75		日鉄形	1,676				

製造所 製造番号	製造年月	設計認可# 竣功届* 使用開始$	改造所	改造年月 認可年月#	改造内容	前所有	旧番号	廃車年月 (用途廃止)	備考 設計認可# 竣功届* 使用開始$
省 工場	T08.-- T09.03	S34.09#		S36.04#	台車換装・長手座席化	三井芦別鉄道	スハ2	S42.10	鉄道院 スロネフ28584→鉄道省 改番 オロネフ28584(T13.11)→スロネフ717553(S03.10)→スハフ18903(S07.03)⇒スヘフ18951(S14.02)→オヤ19937(S26.02)→オル19957(S28.04)→国鉄 廃車(S31.03)⇒三井芦別 スハ2(S32.11#)⇒三井鉱山奈井江 ナハフ7(S34.09#)→廃車
省 工場	T10.12	S34.09#	鉄道同志社	S36.04#	台車換装・長手座席化	三井芦別鉄道	スハ1	S42.10	鉄道院 スイネ28103→鉄道省 改番 スイネ27103(S03.10)→マユニ29003(S07.03)→運輸省 廃車(S23.06)⇒三井芦別 スハ1(S25.12#)⇒三井鉱山奈井江 ナハフ8(S34.07#)→廃車

雄別炭礦 譲受1970-04-16) 廃止(1999-09-10)

製造所 製造番号	製造年月	設計認可# 竣功届* 使用開始$	改造所	改造年月 認可年月#	改造内容	前所有	旧番号	廃車年月 (用途廃止)	備考 設計認可# 竣功届* 使用開始$
車豊川 18	S41.06	S45.04				雄別鉄道	YD1301	H11.09	雄別鉄道埠頭線 YD1301(S41.12)⇒釧路開発埠頭 KD1301(S45.04*)→廃車⇒太平洋石炭販売 D801(H12.03)→貨物営業廃止(H31.06)
立笠戸 039	S44.04					北炭清水沢	D1001	H11.09	⇒北海道炭礦汽化成工業所 DD1001(S50.04)⇒北海道炭礦汽船清水沢鉱業所 D1001(S53.04)⇒釧路開発埠頭 KD1303(S56.03)→廃車
車豊川 89	S49.11							H11.09	新製

開業(1942.11.03) 地方鉄道変更(1961.06.03) 廃止(1971.04.16)

製造所 製造番号	製造年月	設計認可# 竣功届* 使用開始$	改造所	改造年月 認可年月#	改造内容	前所有	旧番号	廃車年月 (用途廃止)	備考 設計認可# 竣功届* 使用開始$
田製作所	M27.05	S24.04#	西武鉄道 上石神井工場	S18.05	車体新製(大野組)	西武鉄道	ハフ1	S39.10	川越鉄道 たれ1→武蔵水電(T09.06)→西武鉄道(T11.08)→ハフ1(T13.07)→廃車→尺別専用鉄道 ハフ1(S23.--)→廃車
田製作所	M27.05	S24.04#	西武鉄道 上石神井工場	S18.05	車体新製(大野組)	西武鉄道	ハフ2	S39.10	川越鉄道 たれ2→武蔵水電(T09.06)→西武鉄道(T11.08)→ハフ2(T13.07)→廃車⇒尺別専用鉄道 ハフ2(S23.--)→廃車
田製作所	M27.08	S24.04#	西武鉄道 上石神井工場	S18.07	車体新製(大野組)	西武鉄道	ハ3	S39.10	川越鉄道 たれ3→武蔵水電(T09.06)→西武鉄道(T11.08)→ハ3(T13.07)→廃車⇒尺別専用鉄道 ハ3(S23.--)→廃車
岡工場	M27.12	S24.04#	西武鉄道 上石神井工場	S18.07	車体新製(大野組)	西武鉄道	ハ4	S39.10	川越鉄道 たれ4→武蔵水電(T09.06)→西武鉄道(T11.08)→ハ4(T13.07)→廃車→尺別専用鉄道 ハ4(S23.--)→廃車
岡工場	M27.12	S26.10#	西武鉄道 上石神井工場	S18.07	車体新製(大野組)	西武鉄道	ハフ4	S39.10	川越鉄道 れな2→武蔵水電(T09.06)→西武鉄道(T11.08)→ハ5(T13.07)→ユニフ2(T13.07)→ハ4(S14.07)→尺別専用鉄道 ハ5(S26.--)→廃車
道作業局 橋工場	M40.--	S25.04#	自社工場	S31.03#	車体改造	三菱鉱業美唄	ハ13	S40.03	鉄道作業局 よさ47→フハ3430(M44.01)→鉄道院 廃車(T04.06)⇒石狩石炭 フハ3430(T04.03)⇒三菱礦業美唄 フハ3430(T04.03)→は3(T05.03)→ハ13(S03.09)⇒尺別鉄道 ハ13(S25.04)→ハ6(S31.03)→廃車
岡工場	M26.12	S25.04#	自社工場	S31.03#	車体改造	三菱鉱業美唄	ハ17	S40.03	参宮鉄道 に9⇒帝国鉄道庁 買収 ハ2361(M40.10)→廃車(S02.06)⇒美唄鉄道 ハ2361(S02.10#)→ハ17(S03.09)⇒尺別鉄道 ハ17(S31.03)→廃車
車支店	T11.12	S33.05#	国鉄 旭川工場 自社工場	S32.07# S39.11#	車体更新・ロングシート改造 緩急車化改造	雄別鉄道	ハ11	S45.04	雄別炭礦鉄道 ハ1(T11.12*)→尺別専用鉄道 ハ11(S33.05#)→ハフ11(S39.01#)→廃車
車支店	T11.12	S33.05#	国鉄 旭川工場 自社工場	S32.07# S39.12#	車体更新・ロングシート改造 空気制動設置	雄別鉄道	ハ12	S45.04	雄別炭礦鉄道 ハ2(T11.12*)→尺別専用鉄道 ハ12(S33.05#)→廃車
日車支店	T11.12	S33.05#	国鉄 旭川工場 自社工場	S32.07# S39.12#	車体更新・ロングシート改造 空気制動設置	雄別鉄道	ハ13	S45.04	雄別炭礦鉄道 ハ3(T11.12*)→尺別専用鉄道 ハ13(S33.05#)→廃車
平岡工場	M26.12	S32.10#	雄別鉄道工場	T14.11#	車体更新	雄別鉄道	ハ4	S35.04	参宮鉄道 に6⇒帝国鉄道庁 買収 ハ2358(M40.10)→廃車(T12.--)⇒北海道炭礦鉄道 ハ2358(T12.10#)→雄別炭礦鉄道 ハ4(T15.12)→尺別専用鉄道 ハ14(S32.10#)→廃車
平岡工場	M30.09	S32.10#	雄別鉄道工場	S0.04#	車体更新	雄別鉄道	フハ5	S35.04	西成鉄道 は16⇒通信省鉄道局 買収 は16→鉄道院 改番 ハ2436(M44.01)→フハ3103(T02.06)→鉄道省 廃車(T12.--)⇒北海道炭礦鉄道 ハフ3103(T12.10#)→雄別炭礦鉄道 フハ5(S03.07)→尺別専用鉄道 ハフ15(S32.10#)→廃車
北海道庁 月島仮工場	M31.03	S32.10#	雄別鉄道工場	S15.02#	車体更新	雄別鉄道	フハ7	S35.04	北海道官設鉄道 ほ1⇒鉄道作業局 ほ1(M38.04)⇒鉄道院 フロ840(M44.01)→廃車(T12.--)⇒北海道炭礦鉄道 フロ840(T12.12#)→雄別炭礦鉄道 改称 フロ7(T13.03)→フハ7(S03.10#)→尺別専用鉄道ハフ16(S32.10)→廃車
日車本店	S15.09	S35.--				雄別鉄道	ナハ13	S45.04	北海道鉄道 キハ554→鉄道省 買収 キハ40364(S18.08)→国鉄 廃車(S24.09)⇒雄別炭礦鉄道 キハ40364(S26.05#)→ナハ13(S27.01#)⇒尺別専用鉄道 借入(S36.--)→廃車
日本鉄道 大宮工場	M36.--	S44.--	運輸工業	S29.05#	鋼体化	雄別鉄道	ナハ14	S45.04	日本鉄道 いろ63⇒鉄道作業局 買収いろ63(M39.11)→イネロ5052(M44.--)→オロネロ5082(T09.06)→オロネロ252(S03.--)→ホハフ2631(S04.11)→廃車(S27.03)⇒雄別炭礦鉄道 ホハフ2631(S27.09#)→ナハ14(S29.05)⇒尺別専用鉄道 借入(S37.--)→廃車

釧路臨港鉄道→太平洋石炭販売輸送（地方鉄道）（内燃機関車）　城山～東釧路～春採～知人～入船町 11.5ｋm

項目	形式	記号番号	車体寸法 最大長 mm	車体寸法 最大幅 mm	車体寸法 最大高 mm	自重（荷重）ton	軸配置定員（座席）	台車 製造所	台車 形式	台車 軸距 mm	内燃機関 製造所	内燃機関 形式	内燃機関 連続出力（馬力）	変速機
1	B-B	D101	13,050	2,810	3,720	54.0	B-B	日車本店	NL-3	2,200		DMF31S	400/1300×2	DS1.2/1.3
2	B-B	D201	12,500	2,891	3,500	50.0	B-B	日車本店	NL-7	2,100		DMH17SB	300/1600×2	TCW2.5
3	B-B	D301	12,200	2,810	3,820	45.0	B-B	日車豊川	NL-10	2,100		DMF31SB	500/1500×1	DS1.2/1.3
4	B-B	D401	13,850	2,810	3,820	55.0	B-B	日車豊川	NL-7	2,100		DMF31SB	500/1500×2	DS1.2/1.3
5	B	D501	7,350	2,741	3,400	25.0	B	日車豊川		3,000		DMH17SB#	320/1600×1	TCW2.5#
6	U10B	DE601	11,796	2,743	3,886	55.0	B-B	日車豊川	NL-27	2,082	キャタピラ	D-398B	1050/1300×1	
7	B-B	D701	13,850	2,846	3,845	55.0	B-B	日車豊川	NL-37	2,200		DMF31SB	500/1500×2	DS1.2/1.3
8	B-B	D801	13,600	2,960	3,930	55.0	BB	日車豊川	軸バネ式	2,200	新潟鉄工	DMF31SB	500/1500×2	DS1.2/1.35

日曹炭礦天塩礦業所専用鉄道豊富（客車）　豊富～六坑　20.2km

項目	形式	記号番号	車体寸法 最大長 mm	車体寸法 最大幅 mm	車体寸法 最大高 mm	自重（荷重）ton	軸配置定員（座席）	台車 製造所	台車 形式	台車 軸距 mm	内燃機関 製造所	内燃機関 形式	内燃機関 連続出力（馬力）	変速機
1	フハ1	フハ1	8,010	2,790	2,700	8.0	40			3,670				
2	フハ1	フハ2	8,010	2,790	2,700	8.0	40			3,670				
3	14100	ナハフ101	16,782	2,642	3,854	23.9	72		TR10系	2,438				
4	オハ31	オハ31197	17,000	2,900	3,925	28.1	80(80)		TR11	2,450				

茅沼炭化礦業 茅沼炭鉱専用鉄道（客車）　岩内～発足 6.3km

項目	形式	記号番号	車体寸法 最大長 mm	車体寸法 最大幅 mm	車体寸法 最大高 mm	自重（荷重）ton	軸配置定員（座席）	台車 製造所	台車 形式	台車 軸距 mm	内燃機関 製造所	内燃機関 形式	内燃機関 連続出力（馬力）	変速機
1	ハ	ハフ1	8,390	2,648	3,588	7.5	25			3,820				
2	ハ	ハ2	8,330	2,640	3,335	7.1	36			3,850				
3	ナハフ	ナハフ1	16,990	2,527	3,626	22.3	100(24)			2,390				

苫小牧市専用側線、苫小牧開発鉄道部（地方鉄道）（内燃機関車）　新苫小牧～石油埠頭 10.2km

項目	形式	記号番号	車体寸法 最大長 mm	車体寸法 最大幅 mm	車体寸法 最大高 mm	自重（荷重）ton	軸配置定員（座席）	台車 製造所	台車 形式	台車 軸距 mm	内燃機関 製造所	内燃機関 形式	内燃機関 連続出力（馬力）	変速機
1	HRA-35BB D3500	D3501	10,754	2,600	3,690	33.7	BB			1,800		V4V14/14T	350/2,000×1	DBS-115
2	HRA-35BB D3500	D3502	10,754	2,600	3,690	33.7	BB			1,800		V4V14/14T	350/2,000×1	DBS-115
3	HRA-35BB D3500	D3503	10,754	2,600	3,690	33.7	BB			1,800		V4V14/14T	350/2,000×1	DBS-115
4	D5500	D5501	11,250	2,735	3,920	55.0	BB			2,000		DMF31SB	500/1500×1	DS1.2/1.35
5	D5500	D5502	11,250	2,735	3,920	55.0	BB			2,000		DMF31SB	500/1500×1	DS1.2/1.35
6	D5600	D5601	13,600	2,826	3,849	56.0	BB			2,200		DMF31SB	500/1500×2	DS1.2/1.35
7	D5600	D5602	13,600	2,826	3,849	56.0	BB			2,200		DMF31SB	500/1500×2	DS1.2/1.35
8	D5600	D5603	14,000	2,826	3,849	56.0	BB			2,200		DMF31SB	500/1500×2	DS1.2/1.35
9	D5600	D5604	14,000	2,826	3,849	56.0	BB			2,200		DMF31SB	500/1500×2	DS1.2/1.35
10	D5600	D5605	14,000	2,826	3,849	56.0	BB			2,200		DMF31SB	500/1500×2	DS1.2/1.35
11	D5600	D5606	14,000	2,826	3,849	56.0	BB			2,200		DMF31SB	500/1500×2	DS1.2/1.35

営業開始(1925-02-11) 旅客営業開始(1927-02-20) 旅客営業廃止(1963-10-31) 太平洋石炭販売輸送 社名変更(1980-04-30) 廃止(2019-06-30)

製造所 製造番号	製造年月	設計認可#/竣功届*/使用開始$	改造所	改造年月 認可年月#	改造内容	前所有	旧番号	廃車年月(用途廃止)	備考 設計認可# 竣功届* 使用開始$
本店 8	S33.09	S33.11#/S33.12$	自社工場	S47.07	機関乗替 DMF31SB×2			H11.11	
本店 3	S37.09	S37.09#/S37.10$	自社工場	S41.12/S43.07#	1機関化 D501へ DMH17SB機関転用 2機関化再改造			S61.12	台枠保存
豊川 3	S39.10	S39.11#/S39.12$	自社工場	S45.--/S61.--	屋根高さ変更 3,820→3,550 屋根高さ変更 3,550→3,820			H15.11	
豊川 4	S39.10	S39.11#/S39.12$						H31.06&4	&4貨物営業廃止
豊川 2	S41.05	S41.09#/S41.11#						S54.02	#エンジン・トルコン・コンプレッサ・逆転機・第1推進軸(D201ヨリ転用)⇒日本通運勇足営業所#無番⇒札幌交通機械(S59.04)
豊川 9	S45.09	S45.09#/S45.10$						H31.06&5	発電機 GT-601 710kW/800V×1・電動機 GE-761 280kW/800V×4 &5貨物営業廃止
豊川 2	S52.12	S53.04#/S53.04$						H31.06&6	&6貨物営業廃止
豊川 8	S41.06	H12.03#				釧路開発埠頭	KD1301	H31.06&7	雄別鉄道埠頭線配置 YD1301⇒釧路開発埠頭 KD1301(S55.04)⇒太平洋石炭販売 D801(H12.03⊙)→ &7貨物営業廃止

運輸開始(1940-02-13)

製造所 製造番号	製造年月	設計認可#/竣功届*/使用開始$	改造所	改造年月 認可年月#	改造内容	前所有	旧番号	廃車年月(用途廃止)	備考 設計認可# 竣功届* 使用開始$
道局 ?工場	M22.--					北海道鉄道	フロハ1	S43.12	鉄道作業局 ホ7→フロハ926→鉄道省 廃車(T13.10)⇒北海道鉄道Ⅱ フロハ926(T14.02#)→フロハ1(S02.12)→廃車(S17.03)⇒日曹炭礦天塩 フハ1→廃車
道局 ?工場	M22.--					北海道鉄道	フロハ2	S43.12	鉄道作業局 ホ8→フロハ927→鉄道省 廃車(T13.10)⇒北海道鉄道Ⅱ フロハ927(T14.02#)→フロハ2(S02.12)→廃車(S17.03)⇒日曹炭礦天塩 フハ2→廃車
道院 ?工場	M43.05	S29.01#				国鉄	ナハフ14400	S40.03	鉄道作業局 ブロボ24(M43.05)→ホロフ5624(M44.--)→ホロフ11207(S03.--)→ナハフ14400(S05.03)→廃車(S27.09)⇒日曹炭礦天塩 ナハフ101→廃車
中車輌	S02.09	S40.06#				国鉄	オハ31197	S40.03	鉄道省 オハ44595→オハ32195(S03.--)→オハ31 197(S16.--)→廃車(S36.07)⇒日曹炭礦天塩 オハ31 197(S40.06#)→廃車

開業(1946-10-27) 廃止(1962-11-12)

製造所 製造番号	製造年月	設計認可#/竣功届*/使用開始$	改造所	改造年月 認可年月#	改造内容	前所有	旧番号	廃車年月(用途廃止)	備考 設計認可# 竣功届* 使用開始$
野工場	T02.--	S24.09#	自社工場	S27.06	緩急車化	日鉄鉱業	ユニ2	S37.11	富士身延鉄道 ハユフ2(T10.04#)→クユニ2(S02.06#)⇒胆振縦貫鉄道 ユニ2(S15.11#)⇒日鉄鉱業喜茂別 ユニ2(S19.09#)⇒茅沼炭化鉱業 ユニ2(S24.09#)→ハ1(S27.06#)→廃車
野工場	T02.--	S23.07#				日鉄鉱業	ハ1	S37.11	富士身延鉄道 ハ1(T02.11#)→廃車(S14.05)⇒胆振縦貫鉄道 ハ1(S15.11#)⇒日鉄鉱業喜茂別 ハ1(S19.09#)⇒茅沼炭化鉱業 ハ2(S23.07#)→廃車
車本店	M41.09	S27.10#				国鉄	ナニ6310	S37.11	横浜鉄道 ハボ2(M41.09)→フホハ8461(M44.--)→ホハ7881⇒ホハユニ18311(S03.05)→ホハ3611(S03.--)→ナニ6311(S05.05)→ナハフ2865(S18.--)→廃車⇒茅沼炭化鉱業 ナハフ2865(S27.10)→ナハフ1→廃車

開業(1968-12-03) 休止(1999-04-01) 廃止(2001-03-31)

製造所 製造番号	製造年月	設計認可#/竣功届*/使用開始$	改造所	改造年月 認可年月#	改造内容	前所有	旧番号	廃車年月(用途廃止)	備考 設計認可# 竣功届* 使用開始$
日立笠戸 2737	S38.03							S53.08	苫小牧市埠頭 D3501⇒苫小牧開発 D3501(S43.12)
日立笠戸 2738	S38.03							S53.08	苫小牧市埠頭 D3502⇒苫小牧開発 D3502(S43.12)
日立笠戸 2739	S38.03							S52.03	苫小牧市埠頭 D3503⇒苫小牧開発 D3503(S43.12)
気車大阪 3229	S41.12							S59.04	苫小牧市埠頭 DD5501⇒苫小牧開発 D5501(S43.12)
気車大阪 3230	S42.02							S59.04	苫小牧市埠頭 DD5502⇒苫小牧開発 D5502(S43.12)
気車大阪 3411	S44.12							H11.04&8	&8事業休止
気車大阪 3412	S44.12							H01.03	
川崎重工 3724	S47.10							H08.05	⇒旭川通運
川崎重工 3725	S47.10							H11.04&9	⇒名古屋臨海鉄道 ND55213Ⅱ &9事業休止
川崎重工 3728	S47.11							H11.04&10	⇒名古屋臨海鉄道 ND55216Ⅱ &10事業休止
川崎重工 403	S52.10							H11.04&11	⇒十勝鉄道茅室側線 &11事業休止

日本甜菜糖美幌製糖所(内燃機関車)

項目	形式	記号番号	車体寸法			自重(荷重)ton	軸配置定員(座席)	台車			内燃機関			変速機
			最大長mm	最大幅mm	最大高mm			製造所	形式	軸距mm	製造所	形式	連続出力(馬力)	
1		DB201												
2		#2												
3		#3												

日本甜菜糖製糖十勝清水工場(内燃機関車)

項目	形式	記号番号	車体寸法			自重(荷重)ton	軸配置定員(座席)	台車			内燃機関			変速機
			最大長mm	最大幅mm	最大高mm			製造所	形式	軸距mm	製造所	形式	連続出力(馬力)	
1	DS-30	S1	7,450	2,200	3,300	15.0	B			3,200	日野	DS30	65/1300×1	機械式
2	DB10	DB10	5,350	2,320	2,800	10.0	B			2,300	いすゞ	DA120P	97/2100×1	SC0.75

日本甜菜糖製糖士別工場(内燃機関車)

項目	形式	記号番号	車体寸法			自重(荷重)ton	軸配置定員(座席)	台車			内燃機関			変速機
			最大長mm	最大幅mm	最大高mm			製造所	形式	軸距mm	製造所	形式	連続出力(馬力)	
1	HR-35BB	DBB01	10,750	2,725	3,580	35.0	BB			1,800		DMH17C	180/1500×2	TC2

日本甜菜糖製糖芽室製糖所専用線

項目	形式	記号番号	車体寸法			自重(荷重)ton	軸配置定員(座席)	台車			内燃機関			変速機
			最大長mm	最大幅mm	最大高mm			製造所	形式	軸距mm	製造所	形式	連続出力(馬力)	
1		DB201				25.0	B							
2		DD11	10,250	2,525	3,466	35.0	BB			1,800	振興造機	DMH17C	180/1500×2	TC2
3	HG-35BB	DD101	10,750	2,925	3,700	35.0	BB			2,000	振興造機	DMH17C	180/1500×2	TC2
4	HG-45BB	DD201	12,550	2,925	3,700	45.0	BB			2,000			500/1500×1	
5		DD5606	14,000	2,826	3,849	56.0	BB			2,200		DMF31SB	500/1500×2	DS1.2/1.35
6	DE15	DE15 1525	14,150	2,950	3,965	70.0	AAAB	日車豊川		1,700 2,200		DML61ZB	1,350 / 1,550	DW6
7	DE15	DE15 1543	14,150	2,950	3,965	70.0	AAAB	日車豊川		1,700 2,200		DML61ZB	1,350 / 1,550	DW6

製造所 製造番号	製造年月	設計認可# 竣功届* 使用開始S	改造所	改造年月 認可年月#	改 造 内 容	前所有	旧番号	廃車年月 (用途廃止)	備 考 設計認可# 竣功届* 使用開始S
笠戸 50	S45.09					十勝鉄道 日甜芽室			
輸送機 35	S35.--					日通北見			
輸送機 36	S35.--					日通北見			

製造所 製造番号	製造年月	設計認可# 竣功届* 使用開始S	改造所	改造年月 認可年月#	改 造 内 容	前所有	旧番号	廃車年月 (用途廃止)	備 考 設計認可# 竣功届* 使用開始S
荷機工業	S40.07	S40.06#			機関車化	(保線ロコ クレーン)		S48.08	
車豊川 01	S44.10	S48.06#				日通北見			

製造所 製造番号	製造年月	設計認可# 竣功届* 使用開始S	改造所	改造年月 認可年月#	改 造 内 容	前所有	旧番号	廃車年月 (用途廃止)	備 考 設計認可# 竣功届* 使用開始S
立笠戸 629	S36.10	S36.10#							

製造所 製造番号	製造年月	設計認可# 竣功届* 使用開始S	改造所	改造年月 認可年月#	改 造 内 容	前所有	旧番号	廃車年月 (用途廃止)	備 考 設計認可# 竣功届* 使用開始S
立笠戸 150	S45.09							S52.--	→日本甜菜製糖美幌（S52.――）⇒ホクレン中斜里
立笠戸 369	S33.02	S52.--				十勝鉄道	DD11	S56.--	
立笠戸 143	S45.05								
立笠戸 76301	S56.08							H22.12	⇒日本製鋼所室蘭
崎重工 93	S52.10					苫小牧開発	DD566	H22.12	苫小牧港開発 DD5606⇒十勝鉄道（日本甜菜製糖芽室）DD5606 ⇒日本製鋼所室蘭
車豊川 261	S51.09		JR北海道 苗穂工場	H22.--	除雪用機器撤去工事	JR東日本	DE15 1525		国鉄 DE15 1525⇒JR東日本 DE15 1525（S62.04）→廃車（H22.08）⇒十勝鉄道（日本甜菜製糖芽室）DE15 1525⇒秋田臨海鉄道 DE10 1250（H24.11）⇒仙台臨海鉄道 DE655（R03.03）
車豊川 996	S46.10					JR東日本	DE15 1543		国鉄 DE10 1543⇒JR東日本 DE15 1543（S62.04）→廃車（H16.06）⇒十勝鉄道（日本甜菜製糖芽室）DE10 1543⇒秋田臨海鉄道 DE10 1543（H24.11）

【編・著者プロフィール】

髙井薫平（たかいくんぺい）

1937年生まれ、慶応義塾大学法学部法律学科卒1960年卒、地方私鉄巡りは昭和28年の静岡鉄道駿遠線が最初だった。鉄研活動は中学からだが当時は模型専門、高校に進学以来、鉄道研究会 鉄道友の会に属して今日に至る。1961年刊行の朝日新聞社刊「世界の鉄道」創刊号以来の編集メンバー、1960年から鉄道車両部品メーカーに勤務、元日本鉄道工業会理事、元車輛輸出組合（現 J ORSA）監事、会社退任後は鉄道趣味に本格復帰し、現在は鉄道友の会参与。著書に「軽便追想(ネコ・パブリッシング)」RMライブラリーで『東野鉄道』『上武鉄道』『福島交通軌道線』『弘南鉄道』『鹿児島交通』ほか（ネコ・パブリッシング）、『小型蒸気機関車全記録』(講談社)など。

【執筆・編集協力者の紹介】

矢崎康雄（やざきやすお）

慶應義塾大学商学部1971年卒、学生時代から聞けば何でも知って居る重宝な人、都電とともに幼少期を過ごし、どちらかといえば、路面電車ファンでヨーロッパのほとんどの都市にトラムを見に行った。かつて鉄研三田会が編集した「世界の鉄道」（朝日新聞社）では外国の部分の解説をほとんど一人で担当した。本書では「ことば解説」「地図、絵図の解説」などを担当した。

亀井秀夫（かめいひでお）

慶應義塾大学法学部政治学科1973年卒、学生時代から私鉄ファンで特に車両データや車両史に詳しい。鉄道車両部品メーカーに勤務し、営業・企画を長く担当した。本書作成においては最終校閲、時代考証、車輌来歴などの確認などをお願いしたほか、この本の巻末の諸元表作成に相当の知力を発揮している。朝日新聞の世界の鉄道でも諸元表まとめの主要メンバーであった。現在、鉄道友の会理事（業務担当）を務める。

佐竹雅之（さたけまさゆき）

慶應義塾大学理工学部応化2007年卒、150分の1スケールのNゲージでおもに地方私鉄の鉄道模型を作成している。最近では3Dプリンタを駆使して、市販されていない車両の作成にも挑戦。鉄道車両史に詳しく、第4号からサポートメンバーに加わってもらった。原稿の第一校閲者のほか、時代確認、コラムの一部、地域鉄道位置図面の作成も担当してもらった。

【写真・資料などをご提供いただいた方々（50音順）】

石井賢三、石川孝織、今井啓輔、上野巖、内田隆夫、梅村正明、大賀寿郎、大野眞一、大幡哲海、荻原二郎、荻原俊夫、小熊米雄、奥山道紀、亀井秀夫、後藤文男、小山 明、齋藤晃、佐藤公亮、佐竹雅之、澤内一晃、柴田東吾、清水武、志村総司、白土貞夫、杉行夫、関田克孝、高橋慎一郎、竹中泰彦、田尻弘行、田中信吾、田中義人、寺田裕一、登山昭彦、萩原政男、服部朗宏、林 嶬、日比政昭、藤岡雄一、三木理史、宮田寛之、宮崎繁幹、村松功、矢崎康雄、矢島亨、山内一、若尾侑

【校閲】

宮崎繁幹

昭和30年代〜50年代の地方私鉄を歩く 第2巻
北海道の炭鉱鉄道・森林鉄道

2024年2月16日　第1刷発行

編・著者……………………髙井薫平

発行人………………………高山和彦

発行所………………………株式会社フォト・パブリッシング

　　　　　　　　　　　〒161-0032　東京都新宿区中落合2-12-26

　　　　　　　　　　　TEL.03-6914-0121 FAX.03-5955-8101

発売元………………………株式会社メディアパル（共同出版者・流通責任者）

　　　　　　　　　　　〒162-8710　東京都新宿区東五軒町6-24

　　　　　　　　　　　TEL.03-5261-1171 FAX.03-3235-4645

デザイン・DTP………柏倉栄治（装丁・本文とも）

印刷所………………………長野印刷商工株式会社

ISBN978-4-8021-3419-4 C0026